T0193971

Compliance managen

Sven Kette · Sebastian Barnutz

Compliance managen

Eine sehr kurze Einführung

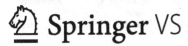

Springer VS

Sven Kette
Universität Luzern
Luzern, Schweiz

Sebastian Barnutz
Metaplan
Quickborn, Deutschland

ISBN 978-3-658-26420-8   ISBN 978-3-658-26421-5 (eBook)
https://doi.org/10.1007/978-3-658-26421-5

Die Deutsche Nationalbibliothek verzeichnet diese Publikation in der Deutschen
Nationalbibliografie; detaillierte bibliografische Daten sind im Internet über
http://dnb.d-nb.de abrufbar.

Springer VS
© Springer Fachmedien Wiesbaden GmbH, ein Teil von Springer Nature 2019

Verantwortlich im Verlag: Katrin Emmerich

Springer VS ist ein Imprint der eingetragenen Gesellschaft Springer Fachmedien
Wiesbaden GmbH und ist ein Teil von Springer Nature
Die Anschrift der Gesellschaft ist: Abraham-Lincoln-Str. 46, 65189 Wiesbaden,
Germany

Inhalt

**Vorwort: Management von Compliance
jenseits des Maschinenmodells der Organisation | 1**

**1 Was ist Compliance Management?
Ein organisationstheoretischer Bestimmungs-
und Einordnungsvorschlag | 7**
1.1 Compliance Management – eine Bestimmung | 10
1.2 Compliance Management und die drei Seiten
von Organisationen | 16

**2 Die Verlockungen und die Grenzen
eines zweckrationalen Ansatzes | 23**
2.1 Der panoptische Traum totaler Kontrolle | 24
2.2 Die Funktion von Kontrollfiktionen | 28
2.3 Die Kurzsichtigkeit panoptischer Kontrollvisionen
und die Bedeutung informaler Spielräume | 32

**3 Compliance Management managen –
Ansatzpunkte zur Gestaltung
des Compliance Managements | 39**

3.1 Jenseits der totalen Kontrolle – oder:
Die Kunst, Kenntnisnahmen zu vermeiden | **42**

3.2 Jenseits der bedingungslosen Sanktionierung – oder:
Die Gelassenheit, Informalitäten zu pflegen | **47**

3.3 Jenseits der entgrenzten Formalisierung – oder:
Die Gefahr, Organisationsrisiken zu übersehen | **52**

4 Diskursives Compliance Management – Fazit | 57

Literatur | **63**

Lektürehinweise – für ein organisationstheoretisch
informiertes Verständnis von Organisationen | **71**

Vorwort: Management von Compliance jenseits des Maschinenmodells der Organisation

Schon immer haben Regeln in und für Unternehmen, Verwaltungen, Krankenhäuser, Schulen oder Universitäten eine große Bedeutung. In jüngerer Zeit wird die Sicherstellung der Einhaltung von Regeln – seien dies gesetzliche Regelungen, freiwillige Ethik-Kodizes oder organisationsinterne Vorgaben – jedoch als ein eigenständiger Erfolgsfaktor organisationalen Handelns verstanden. Und die Verletzung von Regeln erscheint als Risiko (siehe stellvertretend für viele Schulz 2017b). Geführt wird dieser Diskurs unter der Überschrift ›Compliance Management‹, womit auf organisationale Prozesse und Strukturen verwiesen ist, die sicherstellen sollen, dass Regeln eingehalten und ggf. auch neue gesetzt werden.

Besondere Bedeutung gewinnen solche Verfahren des Compliance Managements einerseits vor dem Hintergrund großer Wirtschafts- und Korruptionsskandale, die regelmäßig die Frage nach der Haftung aufwerfen. In den prominentesten Fällen – Enron, Siemens oder Volkswagen – galt das Versagen des organisationalen Compliance Managements nicht allein als Ursache für die aufgetretenen Regelverletzungen, auch war die Reform des Compliance Managements eine der Hauptfolgen, welche durch die jeweiligen Aufarbeitungen angemahnt und angestoßen wurde (Barreveld 2002; Fusaro/Miller 2002; Graeff et al. 2009; Nelson 2017; Salter 2008; Weidenfeld 2011). Für die Konjunktur des Compliance Themas aber mindestens ebenso bedeutsam dürfte der Umstand sein, dass die Etablierung entsprechender Verfahren häufig eine unabdingbare Voraussetzung darstellt, um überhaupt für potenzielle Auftraggeber als Geschäftspartner in Frage zu kommen – sei es, weil dies eine Bedingung für die Teilnahme an öffentlichen Ausschreibungen ist, oder weil die Compliance Vorgaben der Geschäftspartner vorschreiben, dass diese nur mit solchen Unternehmen Geschäftsbeziehungen unterhalten dürfen, die ihrerseits über ein Compliance Management verfügen.

Auf den ersten Blick mag diese gesteigerte Regelorientierung nachvollziehbar oder gar begrüßenswert erscheinen. Schließlich sind die volkswirtschaftlichen Schäden durch Korruption, Kartellbildung oder andere Wirtschaftsdelikte nicht unerheblich. Andererseits erkennt man auch schnell, dass das Bemühen um regelkonformes Verhalten der Mitarbeiter*innen offenkundig kein triviales Unterfangen ist. Häufig sind Klagen über ›aufwendige‹ oder gar ›unsinnige‹ Compliance Vorschriften und dem damit verbundenen Mehraufwand zu vernehmen. Die entscheidenden Fragen lauten dann aber: Was ändert sich in und für Unternehmen durch die Einführung von Verfahren des Compliance Managements? Worin liegen die zentralen Spannungsfelder bei der Ausgestaltung eines Compliance Managements? Und schließlich: An welchen Hebeln kann bei der Gestaltung des Compliance Managements und der Bearbeitung zentraler Spannungsfelder angesetzt werden? Voraussetzung für die Beantwortung dieser Fragen ist eine Tiefenanalyse der Wirkungsweise organisationalen Compliance Managements.

Das Ziel dieses Buches ist es, Leserinnen und Leser in die Lage zu versetzen, die Wirkungsweise des Compliance Managements und seine Auswirkungen auf Organisationen präzise und umfassend zu erkennen und Ansatzpunkte für die Gestaltung des Compliance Managements zu identifizieren. Solch ein analytischer Blick auf die Funktionsweise organisationalen Compliance Managements wird häufig durch normative und rationalistische Perspektiven verstellt – entweder, weil man sich aus einer normativen Perspektive dafür interessiert, wie die Dinge *sein sollen*, oder, weil man einer stark vereinfachten rationalistischen Vorstellung von Organisationen anhängt, welche die komplexen innerorganisationalen Dynamiken unterschätzt und die Erfolgschance von Planungsaktivitäten überschätzt.

Auf der Grundlage von normativen und rationalistischen Annahmen wird in der bisherigen Diskussion vor allem die Notwendigkeit betont, Regelkonformität sicherzustellen oder – wo dies nicht gelingt – wenigstens die Regelabweichungen möglichst vollständig zu erfassen und zu sanktionieren. Übersehen wird dabei sowohl, dass Regelabweichungen für Organisationen durchaus funktional sein können, wie auch, dass die Verfahren zur Sicherstellung der Regeleinhaltung – unabhängig von ihrem Erfolg – ihrerseits dysfunktionale Effekte haben können. Kapitel 1 entwickelt zunächst ein in diesem Sinne aufgeklärtes Organisationsverständnis und ordnet das Compliance Management entsprechend ein. Auf dieser Grundlage wird es möglich, einen verbreiteten Fehler zu vermeiden: Organisationen als Systeme zu verstehen, die – ähnlich einer Maschine – vollständig über formal festgelegte Regeln vorgeplant und gesteuert werden können (Kapitel 2). In Kapitel 3 werden wir auf diesen Einsichten aufbauend zeigen, dass die organisationale Gestaltungsherausforderung darin besteht, das Compliance Management selbst zu managen: Anstatt allein eine Abteilung einzurichten, die für die Überwachung von Regeleinhaltung und Sanktionierung von Regelverletzungen zuständig ist, kommt es darauf an, diese Abteilung so in die organisationalen Strukturen einzubinden, dass sie nicht selbst schädlich wird. Abschließend plädieren wir im Fazit dafür, die Organisationsstrukturen so anzulegen, dass sich Compliance Management und Fachabteilungen diskursiv über die Regelungsintentionen und die Konsequenzen je konkreter Regelausgestaltungen verständigen können (Kapitel 4).

Die hier dargestellte Vorgehensweise zum ›Management des Compliance Managements‹ beruht auf unseren langjährigen Erfahrungen bei der Arbeit mit Unternehmen, Ministerien, Verwaltungen, Armeen, Polizeien, Universitäten, Schulen, Krankenhäusern und Non-Profit-Organisationen. Auch wenn dieses Buch aus der praktischen Arbeit heraus entstanden ist und es sich vorrangig an Praktikerinnen und Praktiker in Organisationen richtet, haben wir den Anspruch, dass unsere Vorgehensweise mit den Einsichten neuerer Ansätze der Organisationstheorie abgestimmt ist.

Dabei legen wir Wert auf die Feststellung, dass Organisationstheoretiker und Organisationspraktikerinnen grundsätzlich unterschiedliche Qualitätskriterien haben. Die Annahme, dass ›gute Wissenschaft‹ auch zwangsläufig ›gute Praxis‹ ist, ist schon deswegen naiv, weil die Erfolgskriterien von Wissenschaftlerinnen ganz andere sind als die von Praktikern. Aber trotz dieser aus unserer Sicht grundsätzlich nicht überwindbaren Differenz ist unser Anspruch hier, eine in der Praxis erprobte Vorgehensweise so zu präsentieren, dass sie von Organisationswissenschaftlern nicht sofort als uninteressant abgetan werden kann. Und auch wenn dieses kleine Buch vorrangig für Praktikerinnen geschrieben ist, so mögen aufmerksame Organisationswissenschaftler vielleicht doch die eine oder andere interessante theoretische Innovation entdecken.

Dieses Buch ist Teil der Reihe *ManagementKompakt*, in der wir für Praktikerinnen und Praktiker vor dem Hintergrund moderner Organisationstheorien zentrale Grundlagen für das Management darstellen. Vor diesem Band »Compliance managen« sind kleine Bücher zu den Themen »Organisationen gestalten«, »Projekte führen«, »Strategien entwickeln«, »Leitbilder erarbeiten«, »Märkte explorieren« und »Organisationskulturen beeinflussen« erschienen. In einem Buch über »Laterales Führen« haben wir zusätzlich vorgestellt, in welcher Form Macht, Verständigung und Vertrauen bei der Gestaltung von Organisationen wirken. Weil diese Bücher auf dem gleichen Verständnis von Organisation basieren, werden aufmerksame Leserinnen und Leser in den Büchern der Reihe *ManagementKompakt* immer wieder verwandte Gedankengänge und ähnliche Formulierungen finden. Diese Überschneidungen werden von uns bewusst eingesetzt, um die Einheitlichkeit des zugrundeliegenden Gedankengebäudes und die Verbindungen zwischen den verschiedenen Büchern hervorzuheben. Die organisationstheoretischen Grundlagen hinter diesem Konzept finden sich in den Büchern »Organisationen. Eine sehr kurze Einführung« (Kühl 2011) sowie »Unternehmen. Eine sehr kurze Einführung« (Kette 2018a).

Wir halten nichts davon, Managerinnen und Berater mit Bullet Points, Executive Summaries, grafischen Darstellungen des Textflusses oder gar mit Übungsaufgaben zu ›unterfordern‹. In der Reihe *ManagementKompakt* erscheinen kurz gefasste Bücher, die Lesende in die Lage versetzen, die zentralen Gedanken auch ohne solche Hilfsmittel zu erfassen. Wir nutzen in diesem Buch – genauso wie in all unseren anderen Büchern der *ManagementKompakt*-Reihe – deswegen neben sehr sparsam eingesetzten Grafiken lediglich ein einziges Element, das die Lektüre des Buches erleichtert: kleine Kästen. Hier werden Beispiele angeführt, die unsere Gedanken illustrieren, und ausführlich Anschlüsse an die Organisationstheorie markiert. Wer wenig Zeit hat oder sich für diese Aspekte nicht interessiert, kann auf die Lektüre dieser Kästen verzichten, ohne dass dadurch der rote Faden bei der Lektüre verloren geht.

Dieses Buch wurde im Rahmen des Metaplan-Qualifizierungsprogramms »Führen und Beraten im Diskurs« entwickelt. Den Teilnehmerinnen und Teilnehmern der verschiedenen Jahrgänge sei für ihre vielfältigen Hinweise und Ideen ebenso gedankt wie den Mitgliedern des »Quickborner Kreises«.

1 Was ist Compliance Management? Ein organisationstheoretischer Bestimmungs- und Einordnungsvorschlag

Schon seit nunmehr einigen Jahren gehört Compliance Management zu den Boom-Themen im Managementdiskurs. Dabei handelt es sich nicht bloß um ein weiteres Schlagwort, das jeder kennen muss, der als kompetenter Manager erscheinen möchte. Zwar mögen auch solche rein rhetorischen Verwendungen vorkommen. Seine Tragweite – und Riskanz – gewinnt das Compliance Management aber gerade dort, wo es nicht bei bloßen Lippenbekenntnissen bleibt, sondern die Organisationsstrukturen auch entsprechend umgestaltet werden. Dies geschieht vor allem in Unternehmenskontexten, allen voran in der Finanz- und Pharmabranche. Aber auch in anderen Organisationstypen gewinnt das Compliance Management zunehmend an Prominenz, sei dies in Krankenhäusern, bei öffentlichen Verwaltungen oder gar innerhalb von Non-Profit-Organisationen (Silverman 2008).

Der aus dem Englischen stammende Begriff ›Compliance‹ bedeutet übersetzt so viel wie ›Einhaltung‹, ›Beachtung‹ oder auch ›Übereinstimmung‹. Angesprochen ist damit die Einhaltung und Beachtung von bzw. die Übereinstimmung mit Regeln. Dazu gehören sowohl rechtliche Regelungen wie auch freiwillige Kodizes und Standards, zu denen sich eine Organisation bekennt, sowie schließlich organisationsinterne Regeln. Die thematische Breite entsprechender Regeln ist groß und erstreckt sich von der Korruptionsprävention (Graf/Groß 2016) über kartellrechtliche Fragen (Kapp/Krohs 2016)

© Springer Fachmedien Wiesbaden GmbH, ein Teil von Springer Nature 2019
S. Kette und S. Barnutz, *Compliance managen*,
https://doi.org/10.1007/978-3-658-26421-5_1

und Initiativen gegen Geldwäsche (Glaab 2016) bis hin zu Maßnahmen des Datenschutzes (Härting 2016) und des Umweltschutzes (Pawlytsch/Zimack 2016). Dem Compliance Management fällt dabei die Aufgabe zu, ein Handeln der Mitarbeiter zu ermöglichen – und sicherzustellen –, das all diesen externen und internen Vorgaben entspricht.

Trotz erkennbarer Bemühungen, verschiedene Instrumente des Compliance Managements systematisch zusammenzutragen (siehe etwa Institut der Wirtschaftsprüfer in Deutschland 2011; ISO 2014; TÜV Rheinland 2011) ist ein einheitliches Compliance Management Konzept derzeit nicht zu erkennen. Vielmehr findet sich in der Literatur eine beachtliche Bandbreite von (Teil-)Konzepten, die vor allem deutlich macht, dass sich letztlich jede Organisation selbst um für sie angemessene Compliance Management Strukturen bemühen muss. So gibt es eine kaum zu überblickende Vielzahl an Handbüchern und Praxisleitfäden zum Thema, die zwar häufig von ähnlichen Problemdiagnosen ausgehen, sich in den Instrumenten und Schwerpunktsetzungen aber teils deutlich unterscheiden (Hauschka et al. 2016a; KPMG 2016; Passarge/Behringer 2015; Schulz 2017a; Singh/Bussen 2015; Steinberg 2011). Ein großer Teil dieser Texte fokussiert sich zumeist auf rechtliche Aspekte bezüglich der Frage, ob eine gesetzliche Pflicht zur Einführung eines Compliance Managements besteht und welche Elemente das Compliance Management umfassen müsste (z. B. Hauschka et al. 2016b; Rodewald 2009). Diskutiert werden dementsprechend vor allem Gesetzestexte und Best Practice-Beispiele. Die Dringlichkeit des Themas wird dabei zumeist mit Verweis auf vermeintlich drohende Rechts- und Reputationsrisiken plausibilisiert, die mit einem regelverletzenden Verhalten von Mitarbeitern verbunden seien (z. B. Schulz 2017b: 10 f.). Darüber hinaus wird Compliance Management im Kontext von z. B. Nachhaltigkeit (Ampofo 2018), Qualitätsmanagement, Digitalisierung und vielen weiteren Themen als Werkzeug empfohlen. Wenn das Risiko besteht, dass Mitarbeiterinnen zu sehr die Interessen der eigenen Fachabteilung verfolgen, helfe Compliance Management.

Und in Situationen, in denen unter Erfolgs- und Zeitdruck gearbeitet wird, seien die Anreize, Emissionswerte zu schönen, Sicherheitsbedenken zu übergehen und Absprachen mit Wettbewerbern zu treffen, so groß, dass es ein Compliance Management brauche, um aufwendige Nachjustierungen vermeiden zu können (Preusche/Würz 2016: 88 ff.).

Bei aller Heterogenität bezüglich der diskutierten Konzepte und Tools zur Ausgestaltung des organisationalen Compliance Managements, lässt sich doch ein gemeinsamer Kern von drei Problemkreisen ausmachen, die regelmäßig durch das Compliance Management bearbeitet werden sollen: Erstens soll das Compliance Management die *Regeleinhaltung überwachen* – sei dies durch aktive Kontrollen oder durch die passive Entgegennahme von Hinweisen auf Regelverletzungen; zweitens soll das Compliance Management festgestellte *Regelabweichungen sanktionieren;* und schließlich soll das Compliance Management drittens *Regeln entwickeln* – sei dies die Anpassung bestehender oder die Entwicklung neuer organisationseigener Regeln, oder die Überführung externer Standards und Gesetze in organisationsinterne Vorschriften.

In dieser Logik erscheint das Compliance Management als Lösung für das Problem, regelverletzendes Verhalten zu vermeiden. Zumeist nicht mitgesehen werden dabei jedoch jene Probleme, die überhaupt erst durch die Einführung eines Compliance Managements entstehen. Diese werden sichtbar, wenn man grundsätzlicher ansetzt und die Einführung und Ausgestaltung des organisationalen Compliance Managements vor dem Hintergrund eines theoretisch informierten Organisationsverständnisses diskutiert. Im Weiteren werden wir das Compliance Management dementsprechend in einen übergeordneten organisationstheoretischen Rahmen einrücken, und eine genauere Bestimmung vornehmen.

1.1 Compliance Management – eine Bestimmung

Aus Perspektive der systemtheoretischen Organisationsforschung handelt es sich beim Compliance Management um die organisationsinterne *Zentralisierung der Regelüberwachung*. In Organisationen, die über kein Compliance Management verfügen, ist die Kompetenz zur Regelüberwachung über die gesamte Organisation verteilt. Ob Regelverstöße großzügig übersehen werden oder ob bereits Kleinigkeiten zum Anlass für abschreckende Strafen genommen werden, obliegt in weiten Teilen den jeweiligen (Zwischen-)Vorgesetzten. Diese verfügen über zum Teil erhebliche Auslegungsspielräume, mit der Folge, dass sich beim Blick in eine Organisation ein recht uneinheitliches Bild ergeben kann. So mag eine ›schwarze Kasse‹ in einer Abteilung gängige Praxis sein, während in einer anderen Abteilung auch Kleinstausgaben ›streng nach Vorschrift‹ abgerechnet werden.

Mit der Einführung eines Compliance Managements ändert sich dies insofern, als die Zuständigkeit für Regelüberwachungen nun einer spezifischen Stelle zugewiesen wird. Damit werden Vorgesetzte zwar nicht von dieser Aufgabe befreit, ihre Spielräume zur Gewährung von Ausnahmen werden jedoch in spezifischer Weise beschnitten. Der Chef, der bislang gern einmal ›ein Auge zugedrückt‹ hat, sieht sich unter Bedingungen von Compliance Management nun seinerseits mit einer ›Pflicht zu Strafen‹ konfrontiert – und wo er dies nicht für notwendig hält, wird er sich ggf. dafür verantworten müssen. Das nachsichtige Übersehen der Regelverstöße seiner Mitarbeiter*innen wird dann selbst zu einem sanktionswürdigen Regelverstoß des Chefs. Ein differenziertes Verständnis dieser Konstellation und vor allem auch ihrer Folgen lässt sich durch einen genaueren Blick auf die Organisationsstruktur gewinnen.

Im allgemeinsten Sinne bedeutet die Einrichtung eines Compliance Managements immer die Einrichtung einer oder mehrerer neuer Stellen. Aus einer organisationstheoretischen Perspektive werden organisationale Stellen als Bündel dreier

Entscheidungsprämissen verstanden: der *Kommunikations-wege*, die über die Beziehung einer Stelle zu allen anderen Stellen informieren; der *Entscheidungsprogramme,* die im Hinblick auf zu treffende Entscheidungen Orientierung schaffen; und des *Personals,* also den eigentlichen Entscheidern, die eine Stelle besetzen. In diesem Sinne sind Stellen gleichsam die Knotenpunkte der Organisationsstruktur (Luhmann 2009, 2000: 222–329; siehe für den schnellen Einstieg zudem Kühl/Muster 2016).

Welche Bedeutung und welche Effekte das Compliance Management in einer konkreten Organisation hat, hängt damit vor allem davon ab, wie die Compliance Management Stelle(n) in die organisationalen Kommunikationswege eingebunden sind, welche Entscheidungsregeln für die Mitarbeiter*innen des Compliance Managements gelten (Entscheidungsprogramme) und mit welchen Personen die entsprechenden Stellen besetzt werden. Alle drei Aspekte schauen wir uns im Folgenden genauer an.

Die Eingliederung des Compliance Managements in die organisationalen Kommunikationswege

Kommunikationswege als Strukturelement von Organisationen informieren über Entscheidungszuständigkeiten und -kompetenzen. Die Hintergrundfragen hierzu lauten: Wer hat was genau zu entscheiden? Wer ist im Vorfeld bestimmter Entscheidungen zu konsultieren? An wen ist über bestimmte Entscheidungen zu berichten? Hinweise auf die Kommunikationswege einer Organisation finden sich vor allem im Organigramm, das die Abteilungs- und Hierarchiestruktur abbildet. Aber auch Mitzeichnungsrechte lassen sich als Kommunikationswege in diesem Sinne verstehen.

Wenngleich Compliance Management kein geschützter Begriff ist und die konkrete Ausgestaltung eines Compliance Managements in der Praxis sehr verschieden ausfallen kann, erscheint die Rede von einem Compliance Management nur sinnvoll, wenn auch entsprechende Stellen eingerichtet und diese in die organisationalen Kommunikationswege eingegliedert werden. Im sparsamsten Fall kann dies auf einen Compliance Beauftragten hinauslaufen. Dabei werden Compliance Aufgaben einem Mitarbeiter als Zusatzaufgaben übertragen, ohne dass eine voll ausdifferenzierte Stelle eingerichtet und neues Personal dafür eingestellt würde. In der Maxi-Version wird eine ganze Compliance Abteilung geschaffen, an dessen Spitze ein ›Chief Compliance Officer‹ steht, der möglicherweise auch noch Teil des Unternehmensvorstands ist. Dazwischen sind praktisch alle Abstufungen denkbar. Ähnlich wie die Abteilungsgröße und die hierarchische Stellung sich von Organisation zu Organisation erheblich unterscheiden können, gilt dies auch für die Berichtswege. Auf welchen Wegen das Compliance Management über Regelverstöße informiert werden muss (z. B. via ›Whistleblower‹-Hotlines), an wen seitens des Compliance Managements beobachtete Regelverstöße berichtet werden müssen (wann ist etwa der Vorstand zu informieren?) und wer an Sanktionsentscheidungen zu beteiligen ist, sind allesamt Fragen, für die es keine allgemeine Antwort gibt, sondern die zu klären eine der zentralen Herausforderungen im Zuge der Ausgestaltung des Compliance Managements darstellen. Doch egal für welche Variante sich eine Organisation entscheidet: Immer geht es auch darum, Zuständigkeiten zu benennen und Entscheidungskompetenzen abzustecken.

Der Programmcharakter des Compliance Managements

Die Frage, *wer* etwas zu entscheiden hat, informiert noch nicht darüber, *wie* jemand zu entscheiden hat – bzw. woran er sich bei seinen Entscheidungen zu orientieren hat. Eine solche Orientierungsfunktion erfüllen in Organisationen *Entscheidungsprogramme*. Bei ihnen handelt es sich um ›Richtigkeitsregeln‹ des Entscheidens. Dabei können sie entweder – im Falle so genannter Zweckprogramme – Ziele vorgeben und die Wahl der Mittel relativ offenlassen: ›Steigere Deinen Jahresumsatz um 4 %‹! Oder die Entscheidungsprogramme können – im Falle von Konditionalprogrammen – nach dem ›Wenn-Dann‹-Prinzip aufgebaut sein. Dabei wird festgelegt, welche Bedingungen zu welchen Entscheidungsfolgen führen sollen: › *Wenn* der Bestellwert über 3 000 Euro liegt, *dann* sind 2 % Skonto zu gewähren‹. Im Kontext des Compliance Managements sind Entscheidungsprogramme mindestens mit Blick auf drei Themenbereiche relevant: Regelüberwachung, Abweichungssanktionierung sowie Regelentwicklung.

Regelüberwachungsprogramme. Eine der zentralen Aufgaben des Compliance Managements besteht darin, die Einhaltung von Regeln zu überwachen, um Regelverstöße aufzudecken. Wie diese ›Detektivarbeit‹ ausgestaltet ist, wird maßgeblich durch Entscheidungsprogramme vorstrukturiert, die über Prüfanlässe, Prüfrhythmen, Prüfungsformate und ähnliches informieren.

Abweichungssanktionierungsprogramme. Ein zweiter Programmtyp, der die Arbeit im Compliance Management strukturiert, betrifft Fragen der Sanktionierung von Regelabweichungen. Hierzu zählen etwa Strafenkataloge, die mehr oder weniger eindeutig festschreiben können, wie bestimmte Arten von Regelverstößen zu ahnden sind und welche Anforderungen an die Beweislage erfüllt sein müssen, damit entsprechende Sanktionen zu verhängen sind.

Regelentwicklungsprogramme. Dieser dritte Programmtyp wird in der Diskussion um Compliance Management häufig übersehen. Er stellt heraus, dass das Compliance Management selbst zur Schaffung neuer Regeln in Organisationen beiträgt. So etwa, wenn das Compliance Management Tools zur Verfügung stellt, mit deren Hilfe Mitarbeiter abschätzen sollen, ob geschäftliche Einladungen angenommen bzw. ausgesprochen werden dürfen. Unter welchen Bedingungen solche Regelentwicklungen durch das Compliance Management anlaufen, ist wiederum eine Frage, die durch für das Compliance Management geltende Entscheidungsprogramme vorstrukturiert wird. Und auch, wenn die vom Compliance Management entwickelten Regeln ihre Gültigkeit erst erlangen mögen, wenn sie auf höheren hierarchischen Ebenen ratifiziert wurden, zeigt sich doch: Die Entscheidung für ein Compliance Management ist zugleich eine Entscheidung für die fortwährende Entwicklung neuer Regeln, welche weniger für das Compliance Management selbst als vielmehr für die regulierten Teilbereiche der Organisation bedeutsam sind und die dortigen Arbeitsweisen verändern werden.

Gleichwohl gilt auch mit Blick auf die Entscheidungsprogramme, dass sie unterschiedlich ausgestaltet werden können – und dass sie damit sowohl die Art der Einbindung des Compliance Managements wie auch dessen organisationales Gewicht beeinflussen: Ist etwa vorgesehen, dass das Compliance Management eine Fachabteilung bei deren selbständiger Formulierung von Regeln unterstützt und begleitet, oder kann das Compliance Management seinerseits direktiv Regeln für eine Fachabteilung festlegen? Folgt die Überwachung der Regeleinhaltung eher Zweckprogrammen oder einer Logik von Konditionalprogrammen?

Das Personal des Compliance Managements

Das dritte organisationale Strukturelement ist das *Personal*. Die bloße Definition von Kommunikationswegen und Entscheidungsprogrammen bleibt folgenlos, solange die entsprechende Stelle nicht mit Personal besetzt wurde, das auch tatsächlich Entscheidungen trifft. Als organisationales Strukturelement ist das Personal dabei insofern zu verstehen, als unterschiedliche Personen je unterschiedliche Entscheidungen treffen. Bei aller Orientierung, die durch Kommunikationswege und vor allem auch durch Entscheidungsprogramme gewonnen werden kann, wohnt doch jeder einzelnen

Entscheidungssituation auch ein noch nicht vorentschiedener Rest an Deutungsoffenheit inne (Daft/Weick 1984; Weick et al. 2005; Kühl 2017). Genau mit Blick auf diese Notwendigkeit zur Situationsdeutung mag es dann durchaus einen Unterschied machen, ob ein Jurist, eine Soziologin, ein Betriebswirtschaftler oder eine Ingenieurin die entsprechende Stelle besetzt, da die jeweiligen Ausbildungen je unterschiedliche Techniken und Instrumente der Situationsdeutung vermitteln.

Solche Notwendigkeiten der Situationsausdeutung finden sich auch im Umgang mit Regeln. Dies ist offensichtlich, wenn es darum geht, neue Regeln zu schaffen. Aber auch die Anwendung bestehender Regeln erfordert immer die Beurteilung konkreter Einzelfälle im Lichte mehr oder weniger abstrakter Regeln (March 1994: 57 ff.). Die Herausforderung für das Compliance Management ist hier die gleiche wie für den Fußballschiedsrichter: Die Regel, dass ein Handspiel im Strafraum zu einem Elfmeter führt, ist eindeutig. Und dennoch erfordert sie es, dass jede Spielsituation interpretiert werden muss, wovon die allwöchentlichen Diskussionen über vermeintliche Fehlentscheidungen zeugen.

Weil Juristen als Experten für Regeln und deren Interpretation gelten, ist es nicht verwunderlich, dass noch immer vor allem sie im Compliance Management anzutreffen sind. Auch darf man Juristen am ehesten zutrauen, die relevanten rechtlichen Regelungen zu verstehen und organisationale Sachverhalte auf entsprechende Abweichungen hin prüfen zu können. Dementsprechend ist das Compliance Management häufig direkt einer Abteilung ›Legal‹ zugeordnet. Gleichwohl gibt es einen wachsenden Bereich an Qualifizierungsformaten und Weiterbildungsstudiengängen, die darauf abzielen, auch Nicht-Juristen für Aufgaben im Compliance Management zu qualifizieren. Welches Qualifikationsprofil für die zu besetzenden Stellen des Compliance Managements präferiert wird, ist damit ebenfalls eine Frage der Ausgestaltung des organisationalen Compliance Managements.

1.2 Compliance Management und die drei Seiten von Organisationen

Ganz grundsätzlich darf man sich zunächst wundern, dass Organisationen überhaupt ein Compliance Management einführen. Schließlich galt für Organisationen schon immer, dass Gesetze einzuhalten sind. Ebenso ist die Formulierung von internen Regeln Bestandteil dessen, was Organisationen schlechthin ausmacht. Eine Organisation gänzlich ohne Regeln ist schlicht keine formale Organisation (Ahrne/Brunsson 2011). Organisationen haben aber nicht nur eine besondere Neigung dazu, Regeln aufzustellen; sie verfügen zudem auch über spezifische Mechanismen, diese Regeln zu schützen. Anders als etwa Familien, in denen auf ›Regelverstöße‹ kaum anders als mit Konflikt- und/oder Frustrationseskalation reagiert werden kann, sind Organisationen in der Lage, sich von ihren Mitgliedern zu trennen, wenn diese die formalen Regeln nicht anerkennen oder sie gar verletzen (Kühl 2015a). Wenn Organisationen aber schon immer Regeln aufgestellt haben und sie ebenfalls deren Verletzung schon immer scharf sanktionieren konnten – was fügt das Compliance Management dann dieser Ausgangslage hinzu und inwiefern verändert es möglicherweise sogar die Spielregeln? Um das organisationale Compliance Management genauer begreifen zu können, ist es notwendig, drei Seiten der Organisation systematisch auseinanderzuhalten: die formale Seite, die informale Seite und die Schauseite einer Organisation (siehe dazu ausführlich Kühl 2011: 89 ff. sowie speziell mit Blick auf Unternehmen Kette 2018a: 49 ff.).

Bei der *formalen Seite* handelt es sich um das offizielle Regelwerk einer Organisation. Hierzu zählen sowohl die Anerkennung der im Organigramm verzeichneten Kommunikationswege wie auch die in Prozesshandbüchern, Arbeitsplatzbeschreibungen und ähnlichen Dokumenten explizierten Entscheidungsprogramme. Solche formalen Erwartungen sind damit immer schon darauf angelegt, Orientierung zu schaffen und organisationsinterne Koordinierungen zu ermöglichen – sei dies hinsichtlich des Informationsflusses oder bezüglich des Treffens von Entscheidungen. Formale Erwartungen sind aber nicht nur (relativ) konkret, vielmehr zeichnen sie sich zusätzlich auch noch dadurch aus, dass ihre Anerkennung zur Bedingung für den Verbleib in der Organisation gemacht wird: Wer gegen formale Erwartungen verstößt, riskiert stets seinen Rauswurf (Luhmann 1964).

Die Erwartungen auf der *informalen Seite* haben ebenfalls koordinierende und entscheidungsvorbereitende Funktionen. Diese informalen Erwartungen ähneln in vielen Hinsichten jenen Erwartungen, wie man sie aus Familien oder Freundeskreisen kennt. Weder entstehen sie durch eine spezifische Entscheidung, noch lassen sie sich qua Entscheidung ändern. Vielmehr bilden sie sich allmählich über die Zeit heraus, wenn sich bestimmte Handlungen und Verhaltensweisen so oft wiederholen, dass sie schließlich erwartbar werden und entsprechendes Verhalten einforderbar wird. Dass etwa ein Reiseantrag erst nach Abschluss der Reise eingereicht wird, mag beim ersten Mal vor allem gegen die formale Erwartung verstoßen, wonach Reiseanträge zwei Wochen vor Reiseantritt einzureichen sind. Bleibt dieser Verstoß aber ungeahndet und wird immer wieder die Rückdatierung solcher ›nachträglichen‹ Reiseanträge akzeptiert, mag sich eine informale Erwartung herausbilden, wonach Reiseanträge problemlos im Nachhinein eingereicht werden können. Gerade aber weil über informale Erwartungen nicht offiziell entschieden wird, kann ihre Enttäuschung auch nicht – jedenfalls nicht offiziell – mit einer Kündigung der Mitgliedschaft sanktioniert werden. Stattdessen wirken subtilere Sanktionsmechanismen wie etwa der Entzug kollegialer Unterstützung oder gar Mobbing.

Die *Schauseite* einer Organisation schließlich umfasst all jene Texte und Verhaltensweisen, die explizit an Kunden, Lieferanten, Investoren, Nichtregierungsorganisationen und viele weitere Publika gerichtet sind. Sie sollen als ›aufgehübschte Fassaden‹ die Organisation in einem guten Licht erscheinen lassen. Hierzu werden regelmäßig eine ganze Reihe von gesellschaftlichen Werten in die entsprechenden Formulierungen eingeflochten, welche die Modernität und Rationalität der Organisation herausstellen, aber auch ihre Konformität mit allgemeinen kulturellen Prinzipien (wie etwa Nachhaltigkeit) dokumentieren sollen (Brunsson 1989; Meyer/Rowan 1977). Solche Werte sind sehr abstrakte Erwartungen, die zwar kaum eine unmittelbare Orientierung in konkreten Entscheidungssituationen bieten, gleichwohl aber in der Außendarstellug von Organisationen aufgegriffen werden, um externe Akzeptanz und Legitimität zu gewinnen (Suchman 1995).

Erst wenn man die drei Seiten der Organisation systematisch im Blick behält, kann man zwei grundlegende Fehler vermeiden, die in der Praxis und der Diskussion um die Gestaltung eines organisationalen Compliance Managements immer wieder zu finden sind. Der erste Fehler besteht darin, explizit oder implizit die Einführung eines Compliance Managements als Aktivität auf der Schauseite der Organisation aufzufassen. Ein solches Schauseitenmanagement mag man moralisch bedenklich finden und auch die Organisationsmitglieder mögen sich von solchen Nebelkerzen kaum blenden lassen (MacLean/Behnam 2010). Zum Problem für Organisationen wird eine solche Symbolpolitik aber vor allem, weil sie regelmäßig scheitert. So mag zwar der Anlass zur Einführung eines Compliance Managements bisweilen tatsächlich allein darin liegen, externen Erwartungen symbolisch Rechnung tragen zu wollen. Es ist jedoch äußerst unwahrscheinlich, dass sich das Compliance Management auf eine solche Attrappe mit rein symbolischer Funktion zurechtstutzen lässt. Vielmehr lassen Erkenntnisse der Organisationsforschung erwarten, dass sobald entsprechende Stellen eingerichtet und mit Kompetenzen ausgestattet werden, sich diese auch innerhalb der Organisation Gehör verschaffen (Hasse/Japp 1997; Kette 2019).

Der zweite Fehler besteht darin, die Effekte des Compliance Managements auf die informale Seite zu übersehen. Die Einführung eines Compliance Managements bringt eine besondere Intoleranz gegenüber der Enttäuschung formaler Erwartungen und mithin gegenüber informalen Praktiken zum

Grafik 1 Die Strukturmatrix zur Analyse von Organisationen –
Compliance Management als Meta-Formalität

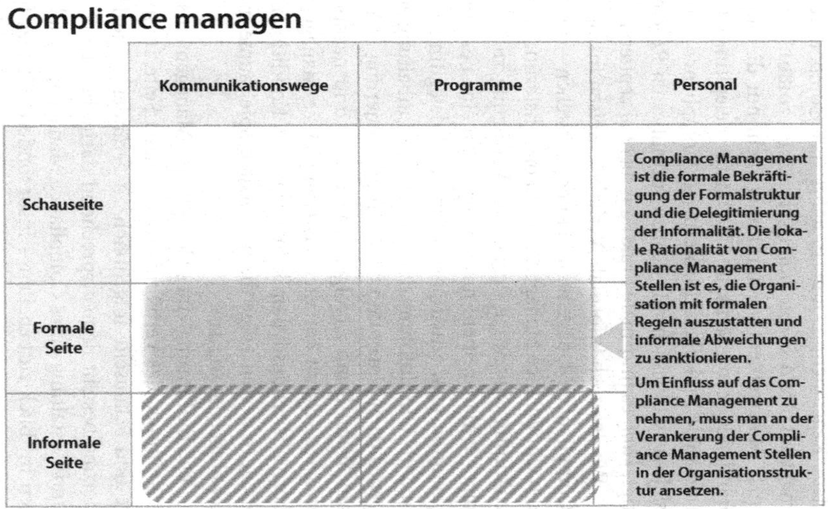

Compliance managen

	Kommunikationswege	Programme	Personal
Schauseite			
Formale Seite			Compliance Management ist die formale Bekräftigung der Formalstruktur und die Delegitimierung der Informalität. Die lokale Rationalität von Compliance Management Stellen ist es, die Organisation mit formalen Regeln auszustatten und informale Abweichungen zu sanktionieren.
Informale Seite			Um Einfluss auf das Compliance Management zu nehmen, muss man an der Verankerung der Compliance Management Stellen in der Organisationsstruktur ansetzen.

Ausdruck. Mindestens jene formalen Erwartungen, die Gegenstand des Compliance Managements sind, erfahren dadurch eine besondere Verstärkung. In diesem Sinne handelt es sich beim Compliance Management um die formale Bekräftigung (von Teilen) der Formalstruktur: Fortan alles nach dem Regelbuch! Damit fungiert das Compliance Management als *Meta-Formalität* (Kette 2017, 2018b). Das Compliance Management verstärkt aber nicht nur die ohnehin vorhandene Formalstruktur. Vielmehr delegitimiert es auch informale Praktiken. Insofern das Compliance Management sich ausschließlich mit explizit formulierten Regeln beschäftigt, *kann* es informale Praktiken nicht akzeptieren.

Wo dennoch informale Verhaltensweisen ins Blickfeld des Compliance Management geraten, entstehen – in der Logik des Compliance Managements – Formalisierungsbedarfe, um zukünftig eindeutige Regeln zur Verfügung zu haben. Compliance Management formalisiert dann eine bestimmte Interpretation bzw. Situationsdeutung und delegitimiert dadurch andere. Die Hoffnung dahinter ist, die Einhaltung einer übergeordneten Norm durch die Programmierung von detaillierten Wenn-Dann-Abfolgen transparent und nachprüfbar zu machen. Damit entfaltet das Compliance Management eine Formalisierungsdynamik in Form von Konditionalprogrammen, in dessen Folge die informalen Spielräume immer weiter eingeengt werden.

Die Einführung eines Compliance Managements bedeutet also immer, das Verhältnis von formaler Seite, informaler Seite und Schauseite folgenreich zu verändern. Die Herausforderung besteht dementsprechend darin, bei der Einführung und Gestaltung eines Compliance Managements alle drei Seiten im Blick zu behalten – insbesondere gilt dies für die Effekte auf informale Erwartungen und Praktiken. Gerade dieser Aspekt gerät in zweckrationalen Ansätzen häufig zu kurz.

Compliance Management als Organisationseinheit und als organisationale Funktion

Bei der Analyse und Gestaltung des Compliance Managements sind zwei Perspektiven zu unterscheiden: Compliance Management als Organisationseinheit und Compliance Management als Funktion. Beide Perspektiven verweisen zwar aufeinander, sie sprechen aber je unterschiedliche Problemstellungen an.

Eine Perspektive, die *Compliance Management als Organisationseinheit* in den Blick nimmt, interessiert sich für die Frage, welche organisationalen Stellen mit dem Compliance Management betraut sind. Dabei kommt offenbar eine ganze Reihe von Ausgestaltungsmöglichkeiten in Frage – und sie alle kommen auch tatsächlich vor: Organisationen können einen Compliance Beauftragten ernennen, sie können eine Abteilung ›Compliance Management‹ einrichten, oder sie können Compliance Management Aufgaben bereits bestehenden rechtsnahen Organisationseinheiten wie etwa einer Abteilung ›Legal‹ zuordnen. Im Einzelfall können solche Zuordnungsfragen durchaus folgenreich sein. Allerdings nicht aufgrund konkreter Stellenbezeichnungen, sondern aufgrund der für das Compliance Management jeweils als relevant definierten Kommunikationswege und Entscheidungsprogramme.

Compliance Management bezeichnet aber nicht nur eine (oder mehrere) organisationale Stelle(n), sondern auch eine *organisationale Funktion*. Diese Perspektive lenkt den Blick auf die Funktionen und Effekte der Meta-Formalisierung und der Einrichtung von Verfahren zur Regelüberwachung – und zwar unabhängig davon, wie entsprechende Stellen in jeweiligen Organisationen konkret benannt werden. Aus dieser Perspektive wird zum einen deutlich, dass Meta-Formalisierungen auch in solchen Organisationen vorkommen und eine Rolle spielen mögen, die den Begriff ›Compliance Management‹ selbst überhaupt nicht verwenden. Die Frage ist einzig und allein, ob die fragliche Organisation über entsprechende Entscheidungsprogramme zur Regelüber-wachung, Abweichungssanktionierung und Regelentwicklung verfügt; die Organisation also in diesem Sinne Compliance Ma-nagement Funktionen etabliert hat, und welche Kommunikations-wege in diesem Zusammenhang festgelegt wurden. Zum anderen sensibilisiert diese Perspektive auch dafür, dass Organisationen sich für ein mehr oder weniger umfassendes Compliance Manage-ment entscheiden können – je nachdem, ob sich die Meta-Forma-lisierung auf nur einen kleinen Bereich der Formalstruktur bezieht, oder ob weite Teile der Formalstruktur einer Meta-Formalisierung unterliegen.

2 Die Verlockungen und die Grenzen eines zweckrationalen Ansatzes

A lle Mitarbeiter sollen sich gemäß der geltenden Regeln verhalten – das ist der Grundtenor der Praktikerliteratur zum Thema Compliance Management. Mindestens müssten die Organisationsregeln geltende gesetzliche Regelungen und rechtlich nicht bindende Standards soweit abbilden, dass ›Rechtsrisiken‹ und ›Reputationsrisiken‹ für die Organisation minimiert würden. Der Schlüssel hierfür wird zunächst darin gesehen, die Mitarbeiter*innen durch Schulungen, Trainings und Online-Tutorials über die entsprechenden Regeln zu informieren. Dadurch sollen einerseits die Regeln innerhalb der Organisation bekannt gemacht und für ihre Einhaltung sensibilisiert werden. Zugleich erfüllen solche obligatorischen Compliance Schulungen andererseits aber auch eine Versicherungsfunktion für die Organisation und das Top-Management: Kommt es doch zu Regelabweichungen, kann sich wenigstens keine Mitarbeiterin darauf zurückziehen, die Regeln nicht gekannt zu haben.

Es gelte aber nicht nur, Mitarbeiter über relevante Regelungen zu informieren, sondern auch umgekehrt, Informationen über aufgetretene Regelbrüche zu erhalten. In der Debatte um Compliance Management bildet die konsequente Regelüberwachung damit den zweiten Grundpfeiler, um ein regelkonformes Verhalten der Mitarbeiter zu sichern. Solche Überwachungen können dabei verschiedenste Formen annehmen, die von Pflichtfeldern und automatisch erstellten ›Time-

© Springer Fachmedien Wiesbaden GmbH, ein Teil von Springer Nature 2019
S. Kette und S. Barnutz, *Compliance managen*,
https://doi.org/10.1007/978-3-658-26421-5_2

stamps‹ in digitalen Eingabeformularen bis hin zu Whistle-blower-Hotlines reichen.

Sofern Regelabweichungen beobachtet werden, stellt die Sanktion des abweichenden Verhaltens den dritten Pfeiler zur Sicherung regelkonformen Verhaltens dar. Diese können von Nachschulungen bis zum Arbeitsplatzverlust reichen. Die Gewissheit, dass Regelabweichungen entdeckt – und bestraft – werden, soll abschreckend wirken und damit die Regelkonformität erhöhen.

2.1 Der panoptische Traum totaler Kontrolle

Die Idee, mit dem Compliance Management eine organisationale Stelle einzurichten, welche die gesamte Organisation überblickt und das Verhalten aller Mitarbeiterinnen kontrollieren kann, hat starke Ähnlichkeit mit dem panoptischen Gefängnis. Das vom britischen Philosophen Jeremey Bentham (2013) Ende des 18. Jahrhunderts erdachte und durch die Arbeiten von Michel Foucault (2016) berühmt gewordene Konzept des panoptischen Gefängnisses zeichnet sich dadurch aus, dass alle Gefängniszellen in einem mehrstöckigen Ringbau angeordnet sind. Im Zentrum des Innenhofs dieses Ringbaus befindet sich ein Wachturm, von dem aus alle Gefängniszellen einsehbar sind. Da aber der Wachturm umgekehrt für die Gefängnisinsassen nicht einsehbar ist, erzeuge bereits die Unsicherheit darüber, in welche Richtung die Gefängniswächter gerade blicken, selbstdisziplinierende Effekte bei den Insassen. In letzter Konsequenz bräuchte es damit überhaupt keiner faktischen Kontrolle mehr und der Wachturm könnte unbesetzt bleiben.

Wenngleich das Compliance Management nicht darauf abzielt, eine faktische Überwachung durch Selbstdisziplinierung der Mitarbeiter zu ersetzen, ist es doch gerade die Ermöglichung eines panoptischen Blicks in die Organisation, auf die das Compliance Management abzielt: Das Verhalten der Mitarbeiterinnen soll transparent und nachprüfbar gemacht werden, so dass Regelverstöße erkannt werden können. Und weil alle Mitarbeiter darum wissen, soll es zu solchen Regelabweichungen gar nicht erst kommen.

Bei diesem Ansatz zur Sicherstellung regelkonformen Verhaltens der Organisationsmitglieder handelt es sich letztlich um das Wiederaufleben eines alten Steuerungsoptimismus. Dieser fußt auf der Idee, dass sich das Verhalten der Organisationsmitglieder recht gut steuern ließe, wenn diese nur eng und konsequent genug überwacht und kontrolliert würden. Diese Idee ist so alt wie die Organisationsforschung selbst. Sie entspringt einer Vorstellung, die heute als ›zweckrationales Maschinenmodell‹ der Organisation bezeichnet wird und am eindrücklichsten wohl von Max Weber (2009 [1972]: 551 ff.) ausformuliert wurde. Demnach bilden Organisationen einen Oberzweck aus, zu dessen Erreichung Teilzwecke formuliert werden, welche wiederum – in der Form von Aufgabenbeschreibungen – einzelnen Stellen oder Abteilungen zugewiesen werden. Im Ergebnis entsteht ein Bild von Organisationen, das jenem einer perfekten Maschine ähnelt, bei der ein Zahnrad nahtlos ins andere greift. Ganz ähnlich wie den Beschreibungen von Max Weber liegt auch dem von Frederick Taylor (1977 [1913]) entwickelten und propagierten ›Scientific Management‹ eine solche mechanistische Organisationsvorstellung zu Grunde. Anfang des 20. Jahrhunderts war es das Anliegen von Taylor, durch detaillierte Zeit- und Bewegungsstudien die Arbeits- und sogar Bewegungsabläufe der Arbeiter gleichsam ›vom Schreibtisch aus‹ so zu ›optimieren‹, dass diese mit maximaler Effizienz ausgeführt würden. Die Hintergrundannahme auch dieses Ansatzes bildet die Vorstellung, dass sich eine Organisation ausschließlich über ihre formale Seite aus explizit formulierten Regeln koordinieren ließe.

In der Folge wurde das Maschinenmodell der Organisation vielfach als zu stark simplifizierend und unrealistisch kritisiert. Wichtige Einsichten für die Entwicklung komplexerer Vorstellungen über die innere Funktionsweise von Organisationen lieferte dabei die Organisationsforschung. Allem voran ist dabei die Entdeckung von informalen Strukturen zu nennen. Nachdem im Rahmen der berühmten ›Hawthorne-Studien‹ (Mayo 1966 [1933]; Roethlisberger et al. 1967 [1939]) die Bedeutung persönlicher Beziehungen und informaler Strukturen erkannt wurde, stand zwar zunächst noch deren Instrumentalisierung durch das Management im Mittelpunkt des Interesses. Schon bald aber wurde die informale Seite von Organisationen zu einem wichtigen Gegenstand der analytisch orientierten Organisationsforschung (Gouldner 1964 [1954]) und zum Ausgangspunkt der modernen Organisationssoziologie.

Aber auch innerhalb des eher praktisch orientierten Managementdiskurses gewannen mehr und mehr solche Ideen an Prominenz, die das Bild von Organisationen als perfekte Maschinen hinterfragten und verwässerten. Gefragt waren nun »postbürokratische Unternehmen« (z.B. Heckscher/Donnellon 1994) und »agile Organisationsformen« (z.B. Robertson 2015), die sich stärker der »Selbstorganisation« (z.B. Gerst 1999) verschrieben und auf eine allzu strikte Top-Down-Planung zugunsten von »Teilautonomen Fertigungsgruppen« (z.B. Kern/Schumann 1984) und einem entsprechenden »Job-Enrichment« für den einzelnen Mitarbeiter verzichteten (kritisch zur Debatte um flache Hierarchien siehe Kühl 2015b). Vor dem Hintergrund dieser Entwicklung überrascht die gegenwärtige Prominenz des Compliance Managements umso mehr.

Während moderne Managementkonzepte vor allem für den Abbau von Bürokratie und starren Strukturen sowie die Stärkung der Verantwortung jedes einzelnen Mitarbeiters plädieren, erscheint das Compliance Management – nicht unbedingt in seinen Zielen, wohl aber in seinen Mitteln – als exaktes Gegenprogramm: Schon um Verantwortlichkeiten im Falle einer Regelverletzung klar zurechnen zu können, ist häufig ein hoher bürokratischer Dokumentationsaufwand notwendig. Und anstatt die Eigenverantwortung zu stärken, werden vor allem raffinierte Kontrollmechanismen ausgeklügelt. Man könnte auch sagen: Während agile Organisationskonzepte die Formalstruktur zugunsten der Informalität opfern wollen, zielt das Compliance Management darauf ab, alles Verhalten in Richtung Regelkonformität zu drängen und Regelabweichungen sowie informale Arrangements zu delegitimieren.

Die ›Compliance Kultur‹-Falle

Um das Dilemma von Flexibilität und Eigenverantwortung auf der einen Seite sowie Bürokratisierung und Formalisierung auf der anderen Seite aufzulösen, wird bisweilen die Notwendigkeit einer ›Compliance Kultur‹ oder eines ›Integrity Managements‹ angemahnt (z. B. Paine 1994). Angesprochen ist damit die Hoffnung, dass Mitarbeiter sich eher regelkonform verhalten werden, wenn die Konformität mit formalen Regeln nicht nur formal überwacht würde, sondern Regelkonformität vor allem auch zu einem zentralen Organisationswert erhoben würde, der dann auch in der Informalität ›gelebt‹ würde. Dafür, so die Annahme, wäre es notwendig, dass die Regeleinhaltung nicht länger als störende Belastung empfunden, sondern zur selbstverständlichen Prämisse des eigenen täglichen Handelns würde.

Dies ist zwar einerseits nicht falsch, überschätzt andererseits aber die Erfolgschancen solcher Versuche der Wertsetzung – jedenfalls dann, wenn diese nicht bloß auf der Schauseite darstellbar sein sollen, sondern sie auch noch das tatsächliche Verhalten (oder gar das Bewusstsein) der Mitarbeiterinnen verändern sollen. Insbesondere, wenn Regelverstöße nicht auf moralische Fehlorientierungen der Mitarbeiter, sondern auf Spannungen innerhalb der formalen Organisationsstruktur (David-Barrett et al. 2017; Pinto et al. 2008) oder zwischen der formalen Organisationsstruktur einerseits und den praktischen Arbeitsanforderungen andererseits zurückzuführen sind, scheinen entsprechende Appelle an Moral, Ethik oder Integrity sowie darauf bezogene Sensibilisierungstrainings am Kern des Problems vorbei zu zielen. Vielmehr dürfte mit Blick auf eine ›Compliance Kultur‹ das Gleiche gelten, was für alle Versuche der Einflussnahme auf die Organisationskultur gilt: Der einzige verfügbare Ansatzpunkt besteht darin, die Formalstruktur zu ändern und dadurch – gleichsam indirekt – auch die Organisationskultur zu beeinflussen (Kühl 2018).

2.2 Die Funktion von Kontrollfiktionen

Solche Ambitionen totaler Kontrolle und Formalisierung erfüllen für Organisationen durchaus wichtige Funktionen. Diese liegen allerdings weniger in der Koordinierung organisationaler Binnenprozesse, als vielmehr auf der Schauseite der Organisation. Alle Unternehmen müssen gegenüber ihrer Umwelt von Kunden, Zulieferern und Konkurrenten aber auch gegenüber Regulierungsbehörden und Investoren eine Rhetorik der Kontrolle pflegen, um als rationaler und insbesondere auch als verlässlicher Ansprechpartner zu gelten (Ahrne/Brunsson 2011; Brunsson/Sahlin-Andersson 2000). Niemand macht gern Geschäfte mit jemandem, bei dem es drunter und drüber geht, bei dem unklar ist, wer welche Kompetenzen hat, oder bei dem man sich nicht darauf verlassen kann, dass heute getroffene Vereinbarungen morgen auch wie abgesprochen umgesetzt werden.

Hinzu kommt, dass rechtliche Regelungen es für Organisationen nahelegen, eine Kontrollrhetorik zu pflegen. Dies gilt insbesondere mit Blick auf Regelungen bezüglich der organisationsinternen Verantwortungsverteilung, der Standardisierung von (Arbeits-)Prozessen und Produkten sowie der Rechenschaftspflicht des Managements. Gerade aber weil Erfahrungen des partiellen Koordinationsversagens alltäglich sind, bemühen sich Organisationen mindestens auf ihrer Schauseite darum, ein Bild der Kontrolle und Rationalität von sich zu entwerfen, welches dem Eindruck von Irrationalität,

Unprofessionalität und Kontrollverlust entgegenwirken soll. Homepages und Hochglanzbroschüren dienen dabei ebenso als Inszenierungen der Rationalität wie ein gewandter Interaktionsstil im Außenverkehr (Kette 2018a: 93 ff.).

Neben diesen Schauseiten-Funktionen werden häufig aber auch mit Blick auf organisationsinterne Aspekte große Hoffnungen in eine verstärkte Kontrolle gesetzt. Insbesondere soll ein striktes Kontrollregime Mitarbeiter dazu motivieren, Arbeit nicht nur zu simulieren, sondern diese auch tatsächlich zu verrichten – und zwar auf genau jene Art, wie die Regeln es vorschreiben. Diese Hoffnung ruht im Wesentlichen auf zwei Annahmen: Erstens, dass Mitarbeiter Kosten/Nutzen-Abwägungen anstellen, um sich auf dieser Grundlage für oder gegen (regelkonforme) Arbeit zu entscheiden; sowie zweitens, dass Kontrollmaßnahmen für die Organisation selbst unschädlich sind.

Erkenntnisse der organisationswissenschaftlichen Forschung geben Anlass, beide Annahmen zu hinterfragen und anzuzweifeln. Zwar mögen auch individuelle Kosten/Nutzen-Kalküle bei der Verletzung von Organisationsregeln eine Rolle spielen. Ein ebenso bedeutsamer, häufig aber übersehener Grund für regelabweichendes Verhalten liegt jedoch in den Organisationsstrukturen selbst begründet (Vaughan 1998) – sei es, weil Mitarbeiter*innen sich widersprüchlichen formalen Erwartungen ausgesetzt sehen, oder weil sich eine informale Kultur der Abweichung herausgebildet hat. Und auch die zweite Annahme, wonach Kontrollmaßnahmen unschädlich seien, kann angesichts vorliegender empirischer Forschungsergebnisse kaum standhalten.

Freilich: Kontrollmaßnahmen können in Teilen durchaus die Regeldisziplin stärken und das Verhalten der Mitarbeiter entsprechend beeinflussen. Gleichwohl zeigen Studien aber, dass gesteigerte Kontrollen und Bemühungen um Transparenz auch mit dysfunktionalen Effekten einhergehen (Albu/Ringel 2018; Bergmann 2015; Osrecki 2015). So beobachtete etwa Ethan S. Bernstein (2012), wie Mitarbeiter interne Schauseiten errichten, um trotz erhöhter Kontrollbemühungen weiterhin informale Praktiken ausüben zu können. Und Frank Anechiarico und James B. Jacobs (1996) berichten im Rahmen ihrer Studie über die Korruptionsbekämpfung in der öffentlichen Verwaltung von New York City, wie Angestellte dazu übergingen, dienstliche Angelegenheiten über private Mobiltelefone zu besprechen, weil sie befürchteten, die Dienstapparate würden durch die Mitarbeiter der Kontrollstellen abgehört (Anechiarico/Jacobs 1996: 89 f.). Beides – das Errichten und Aufrechterhalten interner Schauseiten wie auch das Bemühen, sich der Kontrolle gänzlich zu entziehen – ist aufwendig. Es kostet Zeit und Aufmerksamkeit. Einerseits führt dies offensichtlich zu Ineffizienzen. Darüber hinaus verstärken solche ›Ausweichmanöver‹ aber auch die Entkopplung der faktischen Arbeitspraktiken von den offiziell geltenden Regeln. Anstatt also die Regeleinhaltung zu befördern, haben Kontrollambitionen bisweilen den genau gegenteiligen Effekt: Abweichendes Verhalten verstärkt sich noch und verschlingt dabei immer mehr Ressourcen (ähnliche adverse Effekte kennt man auch aus dem Bereich des Risikomanagements; siehe dazu Pernell et al. 2017).

So funktional die Darstellung von Kontrollambitionen auf der Schauseite einer Organisation sein mag, so zeigen doch bereits diese Beispiele, wie folgenreich und problembehaftet Kontrollmaßnahmen in der organisationalen Binnenwelt wirken können. Erst recht gilt dies, wenn innerhalb der Organisation ein vereinfachtes zweckrationales Verständnis von der Funktionsweise der eigenen Organisation herrscht. Gerade deswegen ist es notwendig, sich der Grenzen und der potenziell dysfunktionalen Effekte von Kontrollen, Regeln und Sanktionierungen genauer zu vergewissern. Dies erfordert aber eine komplexere Vorstellung von Organisationen, als sie das zweckrationale Maschinenmodell anbieten kann.

Kontrollambitionen und informale Ausweichbewegungen in einem Pharmaunternehmen

Am Beispiel eines global tätigen Arzneimittelherstellers zeigt sich, zu welchen informalen Seitwertsbewegungen sich die Marketing Abteilung gezwungen sah, um den Markterfolg einer Substanz sicherzustellen. Die Marketing Abteilung wollte die Positionierung eines Produktes an die Marktgegebenheiten und die Abwägungen der behandelnden Ärzte anpassen. Dafür sollte in einer Veranstaltung mit Ärzt*innen deren Sicht auf die Therapiesituation und ihre Therapieabwägung herausgearbeitet werden. Damit man sich gut in die Perspektiven der Ärzte eindenken konnte, sollten die Diskussionsinhalte weitgehend von den Ärztinnen vorgegeben und während der Veranstaltung entwickelt werden. Zudem sollten die Ärzte für ihre Leistung ein Honorar erhalten.

Aus Compliance Sicht ist klar: die Teilnehmer*innen an dem Workshop dürfen nur dann ein Honorar erhalten, wenn die Veranstaltung nicht werblichen Zwecken dient. Andernfalls würde es sich um Bestechung handeln. Um dies sicherzustellen, mussten alle Inhalte, die in der Veranstaltung verwendet werden sollten, von den Abteilungen ›Medizin‹, ›Legal‹ und ›Compliance‹ im Umlaufverfahren mit vier Wochen Vorlauf freigegeben werden.

Zudem ist aus Compliance Sicht klar: die Marketing Abteilung darf mit den Ärzten eine Diskussion nur innerhalb der engen Grenzen der Zulassung des Produktes führen. ›Marketing‹ darf diese Grenze in ihren Interaktionen mit Marktteilnehmenden nicht überschreiten. Für die Ärzte ist diese Trennung artifiziell. Sie sind im Alltag ständig mit Situationen konfrontiert, die Produktzulassung aus guten Gründen breit auszulegen, um Patienten überhaupt eine Therapie anbieten zu können. Es war klar, dass die Diskussion in der Veranstaltung dies wiedergeben würde.

Die Marketing Abteilung stand vor der Herausforderung, das Vorhaben in das bestehende Korsett von Richtlinien zu drücken. Obwohl die Marketing Abteilung wusste, dass die Ärztinnen über die Grenzen der Zulassung hinaus diskutieren werden, wurde dieser Teil der Diskussion nicht schriftlich in den eingereichten Materialen thematisiert. Zur Absicherung schloss die Marketing Abteilung einen Pakt mit der Medizin Abteilung. Sie sollten vor Ort die so genannte ›Off Label‹-Diskussion führen. Die Medizin Abteilung ließ sich auf diesen Pakt nur deshalb ein, weil man ihnen in der Ausrichtung des Workshops entgegenkam.

Die Freigabe der Inhalte der Veranstaltung im Umlaufverfahren konnte Marketing erst gut zwei Wochen vor dem tatsächlichen Termin anstoßen, da erst dann mit den Ärzten vorab über die inhaltliche Ausrichtung gesprochen werden konnte. Damit der Prozess dennoch funktionierte, wurde im System ein fiktiver Veranstaltungstermin angegeben, um noch vier Wochen Vorlauf zu haben. Man wusste, dass der Prozess meist unter zwei Wochen dauerte. Einfordern konnte man dieses Schnellverfahren nicht. Die prüfenden Abteilungen würden sich dann auf die Formalvorgaben zurückziehen und auf Arbeit nach Vorschrift schalten, um die Einhaltung der Formalregeln zu erzwingen.

2.3 Die Kurzsichtigkeit panoptischer Kontrollvisionen und die Bedeutung informaler Spielräume

Das Problem der Kurzsichtigkeit panoptischer Kontrollvisionen liegt weniger darin, dass die Erfolgschancen der Kontrolle überschätzt werden. Problematisch ist vielmehr das zweckrationale Organisationsverständnis, auf dessen Grundlage die entsprechenden Kontrollvisionen gedeihen. Dieses Organisationsverständnis enthält eine Reihe von verkürzten Implikationen, welche die eigentliche Herausforderung bei der

Gestaltung des organisationalen Compliance Managements verkennen: Informalitätsräume und damit auch Flexibilität zu erhalten.

Die im Compliance Management angelegte Idee, Informalität zu delegitimieren und in Richtung Formalität aufzulösen, wäre unproblematisch, wenn sich Organisationen in einer völlig berechenbaren Welt bewegen würden. Nicht nur alle denkbaren, sondern – noch wichtiger – alle tatsächlich eintretenden Ereignisse ließen sich antizipieren und es ließe sich für jeden dieser Fälle genau festlegen, wie darauf zu reagieren sei. Auch wüsste man, wie auf diese Reaktionen wiederum innerhalb und außerhalb der Organisation reagiert würde, so dass auch für den Umgang mit diesen Reaktionen jeweils klare Regeln formuliert werden könnten usw. Die Organisation wäre niemals mit Überraschungen konfrontiert und könnte als reine Formalstruktur verschachtelter Konditionalprogramme eingerichtet werden.

Bedauerlicherweise (oder zum Glück) funktioniert die wirkliche Welt so nicht. Sie ist voll von kleineren und größeren teils folgenreichen Überraschungen. Die formalen Entscheidungsprogramme und Kommunikationswege liefern daher auch ›nur‹ eine recht abstrakte Groborientierung, die im Alltag jedoch ständig durch informale Absprachen und ad hoc-Verständigungen ergänzt oder an unerwartete Umstände angepasst werden muss. Gerade weil die Formalstruktur nur auf solche Situationen vorbereiten kann, die bei der Einrichtung und Gestaltung von Kommunikationswegen und Entscheidungsprogrammen erwartet und berücksichtigt wurden, stellt sich jedes unerwartete Ereignis als eine Herausforderung dar, die spontan zu bearbeiten ist. Formale Regeln sind daher zwangsläufig immer unvollständig.

Neben der faktischen Unmöglichkeit, für alle denkbaren Ereignisse im Vorfeld sinnvolle Regelungen zu treffen, gibt es einen zweiten Grund, warum es in Organisationen regelmäßig und notwendigerweise zu informalen Abweichungen von und Ergänzungen zu formalen Vorgaben kommt: Formale Vorgaben widersprechen bisweilen den praktischen Arbeitserfordernissen (siehe hierzu eindrücklich Bensman/Gerver 1963; siehe zudem Kühl 2007). Organisationen sehen sich ganz unterschiedlichen Erwartungen seitens der Stakeholder in ihrer Umwelt ausgesetzt. Manchmal tragen Organisationen diesen Erwartungen Rechnung, indem sie nicht nur ihre Schauseite entsprechend anpassen, sondern auch noch ihre Formalstruktur unter solchen Legitimitätsgesichtspunkten einrichten. Solche Vorgaben sind jedoch nicht unbedingt effizient, so dass sie im Arbeitsalltag durch abweichende informale Erwartungen faktisch ›überschrieben‹ werden. Und auch untereinander sind die entsprechenden Erwartungen nicht immer konsistent zu integrieren. Wenn Unternehmen zugleich nachhaltig und profitabel produzieren sollen, lassen sich die entsprechenden Spannungen häufig nur durch eine Entkopplung von formaler Struktur und informaler Praktik lösen (Meyer/Rowan 1977).

In der Regel verlaufen solche Spontan-Anpassungen und -Abweichungen von formalen Regeln in Organisationen völlig geräuschlos. Insbesondere bei kleineren Störungen wird für gewöhnlich einfach getan, was situativ notwendig erscheint, ohne dies aufwendig gegen alle geltenden formalen Vorgaben abzugleichen. Wie sehr Organisationen auf solche informalen Überbrückungen von Formalisierungslücken und bisweilen auch auf die Verletzung von Regeln – im Sinne einer »brauchbaren Illegalität« (Luhmann 1964: 304 ff.) – angewiesen sind, wird offenkundig, wenn man sich klarmacht, dass ›Dienst nach Vorschrift‹ immer noch zu den effektivsten Streikformen zählt. Die Organisation scheitert dann gewissermaßen an der unvermeidbaren Unzulänglichkeit ihrer eigenen Formalstrukturen und damit letztlich an sich selbst.

Zusammengenommen ist regelabweichendes Verhalten also keineswegs primär auf das opportunistische Verhalten einzelner Organisationsmitglieder zurückzuführen, denen vor allem an der Befriedigung ihrer eigenen Bedürfnisse und der Maximierung ihres eigenen Nutzens gelegen ist. Vielmehr finden sich die Gründe in widersprüchlichen Anforderungen und in den Organisationsstrukturen selbst. Damit greift es aber auch zu kurz, informale Praktiken, die von den formalen Regeln abweichen, ausschließlich als zu vermeidendes Übel zu begreifen. Mindestens in Teilen sind die informalen Spielräume – auch wo sie formale Regeln verletzten – für Organisationen durchaus funktional und bisweilen sogar unerlässlich. Wenn man diese Einsichten eines solchen komplexeren Organisationsverständnisses ernst nimmt und die jeweilige Bedeutung sowie das Zusammenspiel von Schauseite, formaler Seite und informaler Seite im Blick behält, wird deutlich, wie heikel und riskant das ›Fortan alles nach dem Regelbuch‹-Paradigma des Compliance Managements ist. Entweder führt die Delegitimierung des Informalen dazu, dass informales Agieren ganz unterlassen wird. Dies läuft absehbar auf ein ›Scheitern nach Vorschrift‹ und in diesem Sinne auf eine ›unbrauchbare Legalität‹ hinaus (Kette 2017). Wo trotz der Meta-Formalisierung durch das Compliance Management informale Handlungen aufrechterhalten werden, wird erwartbar der Aufwand, dieses zu verbergen, ansteigen. Die Management-Herausforderung bei der Gestaltung des Compliance Managements besteht folglich darin, nicht in die ›Formalisierungsfalle‹ zu tappen, sondern Flexibilitätspotenziale – und das heißt auch: Informalitätsspielräume – zu erhalten.

Der Preis des Unterlaufens von umfangreichen Regelbüchern

Ein großes, internationales Unternehmen für Anlagentechnik bietet ein gutes Beispiel dafür, wie interne Schauseiten gegenüber Compliance Management aufwendig aufgebaut werden, wenn eine starke Verregelung zum Verzicht auf informale Freiheiten zwingt.

In dem Unternehmen war es über mehrere Jahre zur Veruntreuung von Mitteln gekommen. Im Zuge verschärfter Regularien wurden Vorfälle öffentlich. Die Unternehmensleitung war gezwungen, die Missstände im Unternehmen aufzuräumen. Der Compliance Abteilung wurden umfassende Befugnisse zur Regelsetzung und -kontrolle eingeräumt. Fortan saß die Compliance Abteilung bei jeder Besprechung am Tisch, in der es potenziell um eine strategische oder organisationale Neuausrichtung von Teilen der Organisation ging. Ergebnis war ein umfassendes Compliance Regelwerk.

Die Mitarbeiter achteten akribisch darauf, das umfangreiche Compliance Regelwerk einzuhalten – auch weil die Unternehmensleitung das Thema zur Chefsache erklärt hatte. Zugleich wurde deutlich, dass die Orientierung auf detaillierte und bürokratische Konditionalprogramme viele Kapazitäten der Mitarbeitenden schluckte. Kundenorientiertes Vorgehen im internationalen Kontext wurde deutlich erschwert.

Daraus entstand unterschwellig ein Bürokratisierungsvorwurf, den die Compliance Abteilung aufnahm. Sie initiierte ein Entbürokratisierungsprogramm. Mitarbeitende konnten der Compliance Abteilung nun schriftlich per E-Mail anzeigen, wenn ihnen Regeln aufgefallen waren, die zu aufwendig erschienen, die mit anderen Zielorientierungen im Konflikt standen und ggf. aus diesen Gründen gebrochen wurden.

Das E-Mail-Postfach blieb weitgehend leer, obwohl Mitarbeiter immer virtuoser wurden, sich über die Compliance Regeln hinwegzusetzen. An den Stellen, an denen man sich wohl überlegt und mit betroffenen Kolleg*innen abgesprochen über Regeln hinweggesetzt hatte, wollte man die Compliance Abteilung auf keinen Fall darauf aufmerksam machen. So hätte man die mühsam abgewogenen informalen Freiräume verloren und eine neue Verregelung hinnehmen müssen. Zudem bestand die Gefahr, dass Mitarbeitende selbst oder Kolleg*innen, mit denen man sich abgesichert hatte, den Regelverstoß rechtfertigen und Sanktionen hinnehmen müssten. So wurde sehr penibel darauf geachtet, die erkämpften Freiräume vor der Überwachung von Compliance zu schützen. Die Schauseite gegenüber Compliance wurde in diesem

Sinne perfektioniert: Mitarbeitende berichteten besonders eifrig von Regeleinhaltungen an den Stellen, an denen die Regeleinhaltung aus ihrer Sicht weniger aufwendig oder weniger kontraproduktiv erschien. So vermied man, dass die Compliance Abteilung an anderer Stelle aufmerksam wurde und zu genau hinsah.

3 Compliance Management managen – Ansatzpunkte zur Gestaltung des Compliance Managements

Wenn Arbeitsroutinen innerhalb von Organisationen reibungslos funktionieren, dann tun sie dies häufig nicht *wegen* besonders adäquater formaler Entscheidungsprogramme und Kommunikationswege, sondern *trotz* der (gut gemeinten) Formalstruktur. Die Grundlage des Gelingens liegt dabei vielmehr in den informalen Erwartungen begründet, weil diese wesentlich mehr Freiheiten eröffnen, um flexibel auf *unerwartete* Situationen reagieren zu können. Erst recht gilt dies im Vergleich zu den strikten ›Wenn-Dann‹-Regeln von Konditionalprogrammen, die alle relevanten Ereignisse (›Wenn‹-Komponente) und darauf zu erfolgende Reaktionen (›Dann‹-Komponente) bereits im Vorfeld festlegen. Dieses Dilemma, wonach Maßnahmen, die darauf abzielen, Regeleinhaltungen sicherzustellen, zugleich die Flexibilitätsräume der Fachabteilungen bedrohen und einengen, ist im Prinzip durchaus bekannt. In manchen der aufgeklärten Debatten-Beiträge zum Thema Compliance Management wird deswegen auch durchaus darauf hingewiesen, dass die strenge Formalorientierung des Compliance Managements und die Delegitimierung informaler Praktiken dysfunktionale Folgen für die Organisation haben kann.

Der in diesem Zusammenhang geäußerte Ratschlag lautet dann vielfach, man müsse die ›richtige Balance‹ finden. Mit diesem Ratschlag ist aber zunächst einmal nur das Problem re-formuliert. Wie eine ›richtige Balance‹ gefunden

S. Kette und S. Barnutz, *Compliance managen*,
https://doi.org/10.1007/978-3-658-26421-5_3

werden kann und woran man erkennen könnte, ob die Balance stimmt, bleibt jedoch allzu häufig offen. Zudem erscheint ein solches ›Übertreibt mal nicht!‹ als paradoxer Auftrag an die Mitarbeiter im Compliance Management. Sie sollen zwar die Regeleinhaltung sicherstellen – aber bitte nicht um jeden Preis. Damit wird die ganze Last des Dilemmas, Regelkonformität und Flexibilität zugleich zu steigern, auf das Personal des Compliance Managements verschoben.

Im Kern handelt es sich hierbei um eine widersprüchliche Zielsetzung für die Compliance Abteilung: Die Effekte der eigenen Entscheidungen sollen zur Grundlage eben dieser Entscheidungen gemacht werden, allerdings ohne, dass klar wäre, ob Konformitäts- oder Flexibilitätsgewinne höher zu gewichten sind. Die ›Totalverregelung‹ der Organisation lässt sich daher auch kaum verhindern, indem man die Compliance Abteilung zur Selbstbeschränkung mahnt. Ein solches Vorgehen steigert nur die Unsicherheiten aller Beteiligter.

Stattdessen empfiehlt es sich, diese im Grundsatz sinnvolle Intention bei der Gestaltung des Compliance Managements zu berücksichtigen. Es gilt also, für das Compliance Management Rahmenbedingungen zu schaffen, die verhindern, dass die »lokale Rationalität« (Cyert/March 1992: 165) des Compliance Managements mit ihrer strikten Regelorientierung alle anderen Relevanzen und lokalen Rationalitäten innerhalb der Organisation dominiert. Die vielfach angemahnte Balance ist dann nicht Aufgabe des Compliance Managements, sondern – im besten Fall – das Ergebnis einer Auseinandersetzung des Compliance Managements mit anderen Abteilungen innerhalb der Organisation.

Den Ansatzpunkt hierfür bildet die Gestaltung jener formaler Entscheidungsprogramme und Kommunikationswege, die für die Compliance Abteilung selbst Gültigkeit haben und damit den strukturellen Rahmen für die Arbeit im und die Entscheidungen des Compliance Managements darstellen. Damit verlagert sich zugleich der Fokus der Aufgabenstellung: Weg vom ›Compliance Management‹ hin zum ›Management des Compliance Managements‹ – und das heißt: Weg von den

Regeln, die *durch das* Compliance Management überwacht, sanktioniert und ggf. neu gesetzt werden, hin zu jenen Regeln, die *für das* Compliance Management bei der Regelüberwachung, -sanktionierung und -entwicklung selbst gelten.

Ein solches *Management des Compliance Managements* interessiert sich für die Optionen und jeweiligen Folgen der organisationalen Einbindung des Compliance Managements. Die Frage, wie Entscheidungsprogramme und Kommunikationswege gestaltet werden, ist dabei im Hinblick auf drei Bezugsprobleme zu klären: Erstens bezüglich der Frage, welche Regeln und Kompetenzen für das Compliance Management bei der Regelüberwachung gelten; zweitens mit Blick auf die für das Compliance Management geltenden Regeln und Kompetenzen im Falle der Sanktionierung von beobachteten Regelverletzungen; und schließlich hinsichtlich der Regeln und Kompetenzen des Compliance Managements bei der Entwicklung von neuen Regeln.

Organisationen als polyperspektivische Systeme – das Konzept der »lokalen Rationalität«

Organisationen sind horizontal und vertikal differenzierte Systeme. Sie bilden verschiedene Abteilungen mit je unterschiedlichen Sachzuständigkeiten und verschiedene Hierarchieebenen mit je unterschiedlichen Entscheidungskompetenzen aus. Das Konzept der *lokalen Rationalität* reflektiert den Umstand, dass sich innerhalb einer Organisation – je nach Abteilung und/oder Hierarchieebene – unterschiedliche Perspektiven auf die Organisation und die Organisationsumwelt entwickeln. So werden etwa je unterschiedliche Informationen als relevant erachtet, Probleme unterschiedlich gedeutet und dementsprechend auch verschiedene Lösungsstrategien für plausibel oder unwirksam erachtet. Ein Umsatzeinbruch mag dann z.B. aus der Perspektive der R&D-Abteilung nur durch einen massiven Stellenaufbau in diesem Bereich umzukehren sein, wohingegen die Marketing Abteilung eher geneigt sein wird, für eine Aufstockung des Werbeetats zu plädieren usw.

Für Organisationen sind all diese Perspektiven bedeutsam: Es geht nicht ohne zufriedene Kunden, nicht ohne eine effiziente Produktionsweise, nicht ohne rechtssicher gestaltete Verträge, nicht ohne die Entwicklung neuer Produkte etc. Gleichzeitig lassen sich die verschiedenen Perspektiven jedoch weder ohne Weiteres miteinander vereinbaren, noch lassen sie sich in eine immer gültige Rangfolge bringen. Umgekehrt sorgt aber gerade diese Dauer-Konkurrenz der Perspektiven auch dafür, dass zwar alle Perspektiven manchmal, aber eben keine Perspektive immer die Oberhand behält. In diesem Wechsel der Orientierung an unterschiedlichen lokalen Rationalitäten liegt die »Systemrationalität« der Organisation (Luhmann 1977).

Die Organisationsstrukturen aus Kommunikationswegen, Entscheidungsprogrammen und Personal haben einen Einfluss auf die lokalen Rationalitäten, weil sie Verantwortungen zuweisen, Handlungsspielräume eröffnen oder beschränken, Risiken verteilen und Anreize schaffen können. Gerade deswegen ist es wichtig, die lokalen Rationalitäten der jeweils Betroffenen im Rahmen der Organisationsgestaltung – und auch bei der Entwicklung von Organisationsregeln – zu berücksichtigen.

3.1 Jenseits der totalen Kontrolle – oder: Die Kunst, Kenntnisnahmen zu vermeiden

Wenn man so möchte, bildet die Kontrolle und Überwachung der Regeleinhaltung das Herzstück eines jeden Compliance Managements. Aus einer Perspektive, die sich dafür interessiert, wie sich das Compliance Management selbst managen lässt, ergeben sich im Wesentlichen zwei Gestaltungsfragen.

Zum einen ist dies die Frage nach der Reichweite des Compliance Managements. Angesprochen ist damit der Umstand, dass mittels Entscheidungsprogrammen vorstrukturiert werden kann, welche Organisationsregeln überhaupt der Meta-Formalisierung durch das Compliance Management unterliegen. Das Kontinuum reicht von einer maximal extensiven Variante, bei der alle formalen Regeln durch das Compliance Management überwacht werden, bis hin zu einer sehr sparsamen Variante, bei der das Compliance Management lediglich mit der Überwachung rechtlich hoch sensibler Aspekte betraut wird.

Auf diesem Kontinuum sind alle möglichen Schattierungen denkbar. Die Herausforderung besteht dabei darin, die Entscheidungsprogramme und Kommunikationswege so einzurichten, dass sie der Tendenz zur Voll-Formalisierung entgegenwirken können. Entscheidet das Compliance Management allein und selbständig über die von ihm überwachten Regeln, liegt es nahe, dass es sich für möglichst viele Regeln zuständig erklärt – sei es, um die eigene Position und Relevanz innerhalb der Organisation zu stärken, oder um sich gegen eventuelle Versäumniszurechnungen abzusichern. Ein Ansatzpunkt kann dabei sein, die Frage, welche Regeln einer Überwachung durch das Compliance Management unterliegen, nicht dem Compliance Management allein zu überlassen, oder aber die Strukturen so einzurichten, dass das Compliance Management seine Überwachungsansprüche begründen muss. Insofern das Compliance Management die Verantwortung dafür trägt, Rechtsrisiken zu minimieren, wird es in sensiblen Bereichen auf entsprechende Überwachungen bestehen und um jeweilige ›Mandate‹ kämpfen. Da solche Kämpfe jedoch unter Umständen sehr aufwendig sind, wird das Compliance Management sie kaum für alle Organisationsregeln ausfechten wollen und können. Dies zeigt, wie über die konkrete Ausgestaltung von Entscheidungsprogrammen und Kommunikationswegen Einfluss auf die lokale Rationalität des Compliance Managements genommen werden kann. Je nachdem, wer an Entscheidungen über die Zuständigkeit

des Compliance Managements einzubeziehen ist und je nachdem, wer welche Begründungslasten zu tragen hat, erscheinen unterschiedliche Handlungsalternativen im Compliance
Management als plausibel und lohnenswert.

Neben der Frage, *welche Regeln* einer Überwachung durch
das Compliance Management unterliegen, dürfte die Frage,
wie eine Überwachung durch das Compliance Management
ausgestaltet ist, mindestens ebenso relevant sein. Wie werden
also die Informationen generiert, die dem Compliance Management als Grundlage für die Beurteilung von eingehalte-
nen oder missachteten Regeln dienen? Fallen diese gleichsam
en passant an z. B. durch digitale Timestamps oder werden sie
in eigenen Arbeitsschritten durch das Ausfüllen von Formu-
laren mit Pflichtfeldern erzeugt?

Die Meta-Formalisierung eingrenzen oder ausbauen?

In der Europäischen Union besteht eine gesetzliche Verpflichtung
für Pharmaunternehmen, über Nebenwirkungen ihrer Substanzen
zu berichten. In der Art, wie diese Gesetzesnorm in Formalregeln
von Unternehmen übertragen wird und wie weit die Meta-Formalisierung durch das Compliance Management reicht, existie-
ren deutliche Unterschiede, da die Rechts- und Compliance Abteilungen der Pharmaunternehmen die Umsetzung dieser Norm
unterschiedlich interpretieren. Zwei Beispiele machen die Konsequenzen einer eingegrenzten bzw. weit ausgebauten Meta-Formalisierung deutlich.

In einem Pharmaunternehmen werden Mitarbeiter dazu verpflich-
tet: »Wenn ihnen gegenüber in Gesprächen mit Ärzten von Nebenwirkungen unserer Substanzen berichtet wird, müssen Sie die
Informationen umgehend an die interne Abteilung übermitteln,
um die Sicherheit unserer Substanzen zu gewährleisten.« Ob Mitarbeiter dieser Regel folgen, wird nicht weiter kontrolliert.

In einem anderen Pharmaunternehmen ging die Rechts- und Compliance Abteilung einen deutlich verregelnderen Weg. In einem Intranet-gestützten Tool müssen Mitarbeiterinnen im Wochenrhythmus über Interaktionen mit Ärzten berichten – völlig unabhängig davon, ob in den Gesprächen Nebenwirkungen überhaupt thematisiert wurden. Das Tool gibt zudem genau die Zeiten vor, wann Mitarbeiter berichten müssen: Immer montags über die Vorwoche. Als verspätet gilt ein Eintrag, wenn er mittwochs oder später gemacht wird. Unabhängig vom tatsächlichen Anlass muss folgendes eingetragen werden: Wie viele Ärzte wurden kontaktiert? Wie viele Ärzte haben reagiert? Wurde über Nebenwirkungen gesprochen? Wurden die Nebenwirkungen gemeldet? Wurden Nebenwirkungen in der vorgegebenen Zeit gemeldet?

In diesem zweiten Beispiel kommt es häufig zu Compliance Verstößen, weil Mitarbeiter erst mittwochs oder später im Tool arbeiten. Anderenfalls müssen sie andere Arbeit verschieben, um den Eintrag fristgerecht montags zu erledigen. Zugleich ist fraglich, ob das umfangreiche Berichtswesen dazu führt, dass die zugrunde liegende Rechtsnorm häufiger eingehalten wird als im ersten Beispiel. Bisher ist es in keinem der beiden Unternehmen zu einem Verstoß gegen die Rechtsnorm gekommen. Im zweiten Beispiel hat das Compliance Management ganz offensichtlich deutlich weiterreichende Befugnisse, eine Meta-Formalisierung einzuziehen. Die weitreichende Befugnis hat bisher zu mehr Bürokratisierung und zu einer umfangreichen Datenerhebung geführt, nicht aber zu mehr Compliance.

Schon um den eigenen Kontrollaufwand gering zu halten, aber auch, um Regelabweichungen eindeutig zurechnen zu können, legt es die lokale Rationalität des Compliance Managements – ganz im Sinne des panoptischen Kontrollparadigmas – zunächst nahe, sich um möglichst umfassende, möglichst technisch generierte Informationen bezüglich der

Regeleinhaltung zu bemühen. Flexibilitäten und Informalitätsräume lassen sich hier erreichen, wenn die Entscheidungsprogramme und Kommunikationswege so angelegt werden, dass es dem Compliance Management ›ermöglicht‹ wird, die Kenntnisnahme von Regelverstößen zu vermeiden.

Je nachdem, wie das Compliance Management in die organisationalen Melde- und Berichtswege eingebunden ist, erhalten die Fachabteilungen kleinere oder größere Autonomie – auch bezüglich der Beurteilung von und des Umgangs mit solchen informalen Praktiken, die gegen formale Vorgaben verstoßen. Denkbar wäre etwa ein Subsidiaritätsprinzip, demzufolge erster Ansprechpartner für die Meldung von Regelverstößen der jeweilige Vorgesetzte ist. Dieser entscheidet dann selbst, ob entsprechende Regelabweichungen toleriert, intern geahndet oder weitergemeldet werden – sei es an die nächsthöhere Vorgesetzte oder zuständige Stellen im Compliance Management.

Der Vorteil einer solchermaßen gebremsten Eskalation besteht darin, dass die Chancen zur Etablierung und Nutzung informeller Spielräume innerhalb der Fachabteilungen erhöht und entsprechende Flexibilitätspotenziale gesteigert werden. Zudem stellt das ›Übersehen‹ von Regelverstößen für den Vorgesetzen ein gewichtiges Tauschgut dar, um informal zu zeitweise erforderlichen Mehrleistungen motivieren zu können (Gouldner 1964 [1954]). Der Nachteil – oder besser: die Folge – eines solchen Vorgehens besteht darin, dass der jeweilige Vorgesetzte die Verantwortung für nicht weiter gemeldete Regelverstöße übernehmen muss. Damit verschiebt sich das Risiko späterer Rechtfertigungen für entsprechende Entscheidungen von den informal handelnden Mitarbeitern auf den nachsichtigen Vorgesetzen. Letzterer wird daher absehbar informale Praktiken nur in dem Maße tolerieren, wie es ihm gelingt, seine Entscheidung mit ›guten Gründen‹ auszustatten, um sie so gegen etwaige zukünftige Einwände und Nachfragen abzusichern.

3.2 Jenseits der bedingungslosen Sanktionierung – oder: Die Gelassenheit, Informalitäten zu pflegen

Die Effekte des Compliance Managements auf eine Organisation erschöpfen sich nicht in der Frage, wie viele und welche formalen Erwartungen durch das Compliance Management überwacht werden. Mindestens ebenso bedeutsam ist die Frage, was eigentlich passiert, nachdem es zu einem regelverletzenden Verhalten gekommen ist und dieses auch entdeckt wurde. Ein zweiter Ansatzpunkt, um mehr oder weniger Informalität und Flexibilität zuzulassen, findet sich dementsprechend mit Blick auf die strukturelle Ausgestaltung der Sanktionierung von Regelverstößen.

Die für das Compliance Management maßgeblichen Entscheidungsprogramme und Kommunikationswege können dabei ganz unterschiedlich eingerichtet werden, so dass sich ein Kontinuum zwischen zwei Polen aufspannt: Auf der strikten Seite finden sich im Vorfeld definierte Strafenkataloge. Dabei handelt es sich im Kern um Konditionalprogramme, die sowohl über Anlässe der Sanktionierung (›Wenn‹-Bedingung) als auch über jeweils zu verhängende Sanktionen (›Dann‹-Bedingung) informieren. Der Vorteil solcher Strafenkataloge ist, dass sie zu einer Gleichbehandlung aller Mitglieder beitragen können. Das ist jedoch zugleich ihr größter Nachteil, da sie so nicht für Kontexte und Umstände der Regelverletzung sensibel sind. Mitglieder, die mit ihrem Verhalten gegen Organisationsregeln verstoßen haben, zu bestrafen, ist naheliegend und manchmal – entweder aus rechtlichen oder aus symbolischen Gründen – kaum zu vermeiden. Bisweilen kann es aber ratsam erscheinen, die Umstände und Gründe einer Regelverletzung bei der Bewertung der Regelverletzung in Rechnung zu stellen.

Auf der anderen Seite des Kontinuums finden sich daher prozedurale Entscheidungsprogramme. Anstatt konkret festzulegen, bei welchem Vergehen welche Strafe zu verhängen ist, regeln solche prozeduralen Entscheidungsprogramme und Kommunikationswege zunächst nur, wie – also mittels welcher Verfahren – über die Strafzumessung im Falle eines aufgedeckten Regelverstoßes entschieden wird. Solche Verfahrensregeln können dann Spielräume eröffnen, um die Umstände des Regelverstoßes in Rechnung stellen und eine ›begründete‹ Regelabweichung ggf. sogar tolerieren zu können. Während die Sanktionierung im ersten Fall einem Automatismus folgt, führt die Aufdeckung von Regelverstößen in diesem zweiten Fall zunächst nur dazu, dass ein organisationsinternes Verfahren anläuft, um über die entsprechenden Konsequenzen zu entscheiden.

Der Clou eines solchen verfahrensorientierten Ansatzes besteht nicht in erster Linie darin, zu einem milderen Umgang mit den einzelnen Organisationsmitgliedern zu kommen. Zwar mögen auch darin Vorteile liegen. Der Hauptvorteil eines solchen Ansatzes dürfte aber darin liegen, dass er mit dem Sanktionsautomatismus bricht und sich Organisationen somit eine alternative Option des Umgangs mit Regelverstößen eröffnet: Regelverstöße können zum Anlass für organisationales Lernen genommen werden.

Sicherlich: Es gibt Fälle von Regelverletzungen, die allein durch persönliches Vorteilsstreben motiviert sind. Das Spektrum reicht dabei vom Motiv persönlicher Bereicherung bis hin zu dem Bestreben, sich den Arbeitsalltag etwas einfacher zu gestalten. Während die Fälle persönlicher Bereicherung auch strafrechtlich relevant sind, lohnt mit Blick auf den letzteren Fall ein differenzierterer Blick. Man mag zwar darauf beharren, dass eine Regelverletzung immer eine Regelverletzung bleibe. Andererseits lassen sich Regelverletzungen aus einer nicht-normativen Perspektive aber auch als Hinweis auf eine problematische Organisationsstruktur verstehen: Offensichtlich ist die Organisationsstruktur so gestaltet, dass es für bestimmte Mitglieder in bestimmten Situationen sinnvoll (oder gar unausweichlich?) erscheint, sich regelverletzend zu verhalten. Anstatt in diesen Fällen gleichsam automatisch zu sanktionieren, mag es aussichtsreicher sein, der

Frage nachzugehen, warum eine Regeleinhaltung nicht möglich bzw. sinnvoll erschien.

Eine Chance, die informelle Beinfreiheit der Fachabteilungen zu bewahren, liegt darin, die im Compliance Management angelegte Tendenz zur Meta-Formalisierung und zur Verregelung dahingehend zu durchbrechen, dass die Aufdeckung von Regelabweichungen nicht automatisch zum Anlass für Sanktionierungen genommen wird (siehe in diese Richtung weisend auch Schütz et al. 2018: 166 f.). Stattdessen mag es sinnvoller sein, zur Kenntnis genommene informale Praktiken auf ihre Folgen hin zu befragen. Nicht jede Regelabweichung führt auch zu schädlichen Effekten. Dort, wo informale Regelabweichungen schadlos bleiben, erscheinen weniger die Regelabweichungen als vielmehr Initiativen der strikten Regeldurchsetzung riskant zu sein.

Deutlich wird dies, wenn man sich klar macht, dass jeder Formalschnipsel auch nicht-intendierte Effekte hat – sowohl auf die Formal- wie auch auf die Informalstruktur. Die strikte Einhaltung einer für sich betrachtet durchaus sinnvollen Regel mag sich nicht nahtlos in die sonstigen etablierten Arbeitsprozesse einfügen. Informale Praktiken und Regelverletzungen erscheinen dann als Praktiken des Abbaus von (unvermeidbaren) Spannungen in der Formalstruktur. Werden diese unterdrückt, ist damit zu rechnen, dass sich die Spannungen im Netz der Formalstruktur verschieben und an anderer Stelle (neue) Regelabweichungen in der Folge informaler Ausweichstrategien entstehen.

Für solche ›neuen Informalitäten‹ gilt jedoch mindestens bis zu ihrer Entdeckung, dass sie und ihre Wirkungen unbekannt sind. Möglicherweise vergrößern sie das Problem, welches man durch Vermeidung ursprünglicher Regelabweichungen zu lösen gedachte. Zudem dürften sie neue Probleme erzeugen, die ihrerseits – möglicherweise unter hohen Kosten – erst entdeckt werden müssen.

Kurzum: Wenn eine Organisation, die ganz und gar nach den formalen Regeln funktioniert, sowieso ein panoptischer Traum bleiben muss; und wenn also immer mit dem Aufkommen von informalen Praktiken zu rechnen ist, um Widersprüchlichkeiten der Formalstruktur auszugleichen, dann lautet eine alternative Strategie zum Sanktionierungsautomatismus: ›Pflege Deine Informalitäten!‹ – anstatt Informalitäten zu verdrängen, lerne die Informalitäten kennen und sie zu verstehen.

Auch eine solche Strategie hat fraglos ihre Grenzen. Sie überhaupt in Betracht ziehen und anwenden zu können setzt in jedem Fall ein aufgeklärtes Verständnis der Funktionsweise von Organisationen voraus. Ein solches Verständnis führt zu der Einsicht, dass Informalitäten zu Organisationen dazugehören. Dann aber gilt: Lieber mit bekannten, weitestgehend unschädlichen Informalitäten umgehen, als durch einen selbstauferlegten Sanktionierungszwang stetig neue – unbekannte – Informalitäten zu generieren. ›Pflege Deine Informalitäten!‹ heißt dann zugleich ›Kenne Deine Organisation‹!

Wenn die Qualitätssicherung ihre Fehler pflegt

Ein Hersteller von Lebensmittelzusatzstoffen hatte für die Produktion detaillierte Regeln aufgestellt. Es wurde geregelt, welche Schutzkleidung getragen werden musste, welche Werkzeuge (nicht) verwendet werden durften und welche Arbeitsschritte in welcher Reihenfolge erledigt werden mussten. Das Ergebnis waren lange Regellisten, die alle Mitarbeitenden je Arbeitsstation einsehen konnten. Diese Listen waren Ergebnisse davon, dass nach jeder aufgedeckten Regelabweichung eine neue Regel gesetzt wurde, um eine weitere Abweichung zu verhindern.

Eines Tages entdeckte die automatisierte optische Kontrolle am Ende der Produktionsstraße, dass einige Dosierfläschchen kleine Glasstücke enthielten. Nach mehrfacher Prüfung der Charge war klar, dass die optische Kontrolle alle verunreinigten Fläschchen identifiziert hatte. Die ›Taskforce Qualitätssicherung‹ identifizierte nach langer Analyse, dass bereits beim Entpacken von Produktionsstoffen Glasbehälter durch den Einsatz von Cuttermessern beschädigt wurden. In der Folge waren Glassplitter in die Produktion geraten und fanden sich schließlich in den gefüllten Fläschchen am Ende der Produktionsstraße wieder.

Jetzt gab es zwei Möglichkeiten, mit dieser Erkenntnis umzugehen. Man konnte eine neue Regel setzen: ›Cuttermesser sind in der Anlieferungshalle verboten!‹ Dies hätte dazu geführt, dass auch andere Arbeitsschritte hätten geändert werden müssen, in denen man bisher zur Zeitersparnis auf Cuttermesser gesetzt hatte. Zudem wäre das Cuttermesser womöglich informal weiter eingesetzt worden, um die Vorgaben zur Produktionsgeschwindigkeit einhalten zu können.

Die andere Möglichkeit bestand darin, keine formale Änderung vorzunehmen. Schließlich haben die Untersuchungen ergeben, dass die automatisierte, optische Kontrolle zuverlässig alle Glasstücke erkennt. Die Produktionssicherheit war dementsprechend gar nicht eingeschränkt. Zudem war das finanzielle Risiko einer fehlerhaften Charge bekannt und überschaubar. Gleichzeitig schien der Produktionsoutput durch ein Verbot von Cuttermessern in der Anlieferung stärker unter Druck zu kommen, weil die schnelle Weiterverarbeitung der angelieferten Grundstoffe behindert würde.

Zu dieser Erkenntnis kam man, weil man die (informalen) Prozesse der Organisationseinheit durchdrungen hatte und Konsequenzen von Änderungen in den Abläufen vordenken konnte. Schließlich ging es um eine Risikoabwägung: Welches (finanzielle) Risiko würde man eingehen, wenn der Fehler nicht geändert, sondern gepflegt würde? In diesem Beispiel erschien es funktional, nicht noch dichter zu regeln, sondern den nun bekannten Fehler zu tolerieren.

Die Rolle des Compliance Managements in diesem Sinne nicht ausschließlich als ›Organisationspolizei‹ aufzufassen, sondern Regelverletzungen als Reflexionsgelegenheit zu begreifen, mit der Chance, dass die Organisation ihre eigenen Strukturen, deren Effekte und damit letztlich sich selbst besser versteht, ist zugegebenermaßen anspruchsvoll.

Vor allem setzt dies voraus, die für das Compliance Management relevanten Entscheidungsprämissen strukturell so einzurichten, dass die Sanktionierung zwar selbstverständlich weiterhin eine mögliche Reaktion auf Regelverstöße bleibt; dass der Verzicht auf Sanktionierungen aber als alternative Option hinzukommt. Die größte Herausforderung besteht dabei darin, die Tragweite und das Schadenspotenzial von Regelabweichungen – aber eben auch von Regel*einhaltungen* – abzuschätzen. Besondere Bedeutung in einem derart erweiterten Verständnis des Compliance Managements kommt dann der Entscheidungsprämisse ›Personal‹ zu, da jenseits des Wissens um (gesetzliche) Regeln nun auch ein Wissen um die Wirkung von Regeln und die Funktionsweise von Organisationen erforderlich wird. Dies gelingt am ehesten, wenn man das Compliance Management nicht allein *Regel*-Experten überlässt, sondern zusätzlich auch *Organisation*sexperten in die Entscheidungsprozesse einbezieht – und zwar auch im Prozess der Entwicklung von Regeln.

3.3 Jenseits der entgrenzten Formalisierung – oder: Die Gefahr, Organisationsrisiken zu übersehen

Die Bedeutung der bereits angesprochenen Organisationsexperten zeigt sich vor allem auch im Zusammenhang mit der Entwicklung neuer bzw. der Überarbeitung bestehender Regeln. Neben der Regelüberwachung und der Sanktionierung von Regelverletzungen ist die Entwicklung von Regeln ein drittes Aufgabenfeld des Compliance Managements. Insbesondere gilt dies im Kontext von Organisationen, die sich in einem sehr dichten regulatorischen Umfeld mit zahlreichen und komplexen Regelungen bewegen, wie dies etwa für die Finanz- oder die Pharmabranche typisch ist. Schließlich werden unter diesen Umständen regelmäßig Übersetzungsleistungen erforderlich, um veränderte oder neu geschaffene Rechtsvorschriften in organisationsinterne Regeln zu überführen (Edelman 1992).

Wir hatten bereits gesehen, dass die Tendenz zur Meta-Formalisierung ohnehin tief im Konzept des Compliance Managements verwurzelt ist. In der Organisationswirklichkeit wird sich diese Tendenz insofern nochmals verstärken, als jede neu geschaffene Regel die organisationsinterne Bedeutung der Compliance Management Stellen unterstreicht. Gerade weil das Compliance Management mit der Interpretation von Gesetzesnormen eine wichtige Unsicherheitszone für die Organisation kontrolliert, bieten Regelentwicklungsprozesse für das Compliance Management hervorragende Bühnen, um die eigene Relevanz zu demonstrieren.

In der Konsequenz folgt die Entwicklung von Regeln einer additiven Logik: Es werden zwar neue Regeln eingeführt, aber kaum bestehende Regeln abgeschafft. Über die Zeit tendiert das Compliance Management daher dazu, ein immer dichteres Netz formaler Regeln zu knüpfen, welches die informalen Spielräume und Entscheidungsflexibilitäten der Fachabteilungen immer weiter einzuengen droht. Und auch, wo Regeln überarbeitet werden, dürfte dies letztlich vor allem auf ein Vergenauern in dem Sinne hinauslaufen, dass die entsprechende Regel gleichsam nach innen wächst, indem mehr Kriterien und Konditionalisierungen eingeführt werden – um endlich ›Klarheit‹ zu schaffen und das Regelgefüge ganz im Sinne des Maschinenmodells zu ›perfektionieren‹.

Die Herausforderung beim Management des Compliance Managements liegt dementsprechend weniger darin, die Formalstrukturen immer weiter zu spezifizieren oder gar immer umfassender auszugestalten. Vielmehr ist das Problem gerade umgekehrt gelagert: Wie kann ein Gegengewicht zur Formalisierungstendenz geschaffen werden, so dass die Organisation nicht in ihren eigenen Formalstrukturen und deren Meta-Formalisierung erstarrt?

Mit Blick auf die Regelentwicklung sind es im Wesentlichen zwei Hebel, an denen angesetzt werden kann, um Formalisierungstendenzen eher zu befördern oder sie einzudämmen: Zum einen betrifft dies die Frage, welche Umstände zum Anlass für die Entwicklung neuer oder die Überarbeitung bestehender Regeln genommen werden. Zum anderen ist zu entscheiden, wer am Prozess der Regelentwicklung zu beteiligen ist. Beide Fragen zielen auf die Entscheidungsprämissen des Compliance Management und kommen gerade deswegen als Ansatzpunkte für dessen Gestaltung in Frage.

In einer sehr sparsamen und engen Variante können die Anlässe der Regelentwicklung etwa allein in Gesetzesänderungen begründet liegen. Das heißt, das Compliance Management befasst sich immer genau dann mit der Entwicklung oder Überarbeitung von Regeln, wenn sich die Gesetzeslage ändert. Das andere Extrem wäre, das Compliance Management gleichsam mit einem aktiven Suchauftrag nach Gelegenheiten zur Meta-Formalisierung auszustatten. In dieser Variante braucht es letztlich gar keinen spezifischen Anlass zur Regelentwicklung mehr, da die Entwicklung von Regeln als Daueraufgabe des Compliance Managements begriffen wird.

Der wohl radikalste Gegenentwurf bestünde aber darin, das Compliance Management lediglich dann mit der Ausarbeitung neuer Regeln zu betrauen, wenn aus den Fachabteilungen heraus ein Klärungsbedarf hinsichtlich der Auslegung gesetzlicher Bestimmungen formuliert wird. Einerseits hieße dies, das Compliance Management auf eine Art organisationsinterne Rechtsberatung für Fachabteilungen zurückzustutzen, die immer dann Unsicherheiten reduziert, wenn *andere* – also jeweilige Fachabteilungen – einen entsprechenden Bedarf formulieren. Eine Überregulierung der Organisation dürfte sich auf diese Weise sehr effektiv verhindern lassen. Andererseits bedeutet eine solche Umkehr der Verhältnisse faktisch aber auch, auf die Vorteile von Arbeitsteilung zu verzichten. Denn entweder werden in einer solchen Struktur die Fachabteilungen selbst zu Mini-Rechtsexperten. Oder aber, was noch wahrscheinlicher ist, sowohl die Kenntnis wie auch der Stellenwert rechtlicher Regelungen wird organisationsintern abnehmen. Eine solche Variante erscheint also wenig sinnvoll, wenn man ein wirksames Compliance Management aufbauen möchte.

Dennoch: Angesichts der Formalisierungstendenzen und der Folgen einer überbordenden Durchregulierung erscheint es sinnvoll, Mechanismen zu entwickeln, die dafür sorgen, dass die Entwicklung von Regeln *quantitativ sparsam* und *qualitativ umsichtig* erfolgt. Quantitative Sparsamkeit bedeutet, dass Regeln nur für jene Bereiche entwickelt werden, in denen ihr Bedarf begründet werden kann. Hier können Entscheidungsprogramme die Begründungslasten entsprechend verteilen: Bewiesen werden muss dann nicht, dass es *auch ohne* Regeln ginge, bewiesen werden muss, dass es *nicht ohne* Regeln geht. Qualitative Umsicht bedeutet, die organisationalen Folgen entwickelter Regeln abzuschätzen und zu berücksichtigen.

Auf eine solche qualitative Umsicht in der Regelentwicklung lässt sich hinwirken, indem man an der Entscheidungsprämisse Personal ansetzt und Compliance Management Stellen mit Organisationsexperten besetzt. Es ist immer noch üblich oder zumindest weit verbreitet, Stellen im Compliance Management mit Juristen zu besetzen. Angesichts des Umstands, dass im Compliance Management formulierte Regeln und zu bewertende Praktiken häufig einen Bezug auf Gesetzestexte aufweisen, ist dies nachvollziehbar und plausibel. Gerade jedoch, wenn eine unmittelbare und enge Gesetzesbindung nicht gegeben ist, dürfte es sinnvoll sein, die strikte Regelperspektive durch eine reflektierende Organisationsperspektive zu ergänzen, um auch noch die Effekte einer restriktiven Regelungspolitik in die Entscheidungsfindung einfließen lassen zu können. Und auch mit Blick auf die Umsetzung von gesetzlichen Vorgaben gilt, dass sie in den meisten Fällen ausgedeutet werden müssen, weil sie eben nicht eindeutig sind (Bergmann 2016; Edelman/Talesh 2011). Dieser Ausdeutungsbedarf ist aber zugleich eine Gestaltungschance: Die Tatsache, dass nicht klar ist, wie eine gesetzliche Regelung genau und im Detail umzusetzen ist, eröffnet Spielräume, in denen verschiedene Varianten vorgedacht werden können. Eine solche Perspektiverweiterung mag der Gefahr entgegenwirken, dass beim Versuch, Rechtsrisiken zu bannen, Organisationsrisiken nicht nur erzeugt werden, sondern diese auch unentdeckt bleiben.

Auch die Umsetzbarkeit dieser Strategie wird hier und dort auf Restriktionen stoßen. Wo das Compliance Management ›lediglich‹ aus der Rolle *eines* ›Beauftragten‹ besteht, wird man kaum einen Juristen *und* einen Organisationsexperten einstellen können. Einerseits dürfte aber ein solchermaßen ›schwaches‹ Compliance Management ohnehin nur begrenzt Einfluss haben, was den hier beschriebenen Problemen etwas an Brisanz nimmt. Andererseits mag das Nachdenken über ›Organisationsexperten‹ auch bei der Auswahl eines Compliance Management Beauftragten hilfreich sein, um entsprechend geeignete Kandidatinnen zu identifizieren. Für größere Compliance Management Abteilungen ist es hingegen durchaus sinnvoll, über die Einrichtung von Stellen für Organisationsexperten – seien dies nun Organisationssoziologen oder organisationssoziologisch geschulte Juristen – nachzudenken.

4 Diskursives Compliance Management – Fazit

Compliance Management ist der Idee nach ein Kontroll-programm, um regelabweichendes Verhalten zu verhindern. Die Hintergrundannahme lautet dabei, dass organisationale Regelverletzungen mit Rechts- und Reputationsrisiken einhergehen, und dass diese Risiken durch Kontrollmaßnahmen vermieden oder wenigstens verringert werden können. Wie gesehen, erfüllen Regelabweichungen bisweilen aber auch wichtige Funktionen in Organisationen. Sie erlauben es, widersprüchliche Anforderungen zu handhaben und flexibel auf unvorhergesehene Situationen zu reagieren. Vor diesem Hintergrund ist es dann aber wichtig, zu sehen, dass Versuche, eine vollständige Regelkonformität herzustellen, ihrerseits erhebliche Organisationsrisiken bergen.

Die Konsequenz aus dieser Erkenntnis ist es nicht, die Bedeutung eines organisationalen Compliance Managements zu schmälern. Vielmehr unterstreicht sie die Größe der Herausforderung. Schließlich ist es für das Compliance Management kaum möglich, die Übertretung von formalen Regeln zu akzeptieren, da Compliance per Definition auf die Einhaltung der Formalstruktur abzielt. Bei der Gestaltung eines organisationsklugen Compliance Managements kommt es darauf an, reflektiert vorzugehen und Konzepte für den Umgang mit Informalität zu entwickeln. Und das heißt, die Entscheidungsprogramme und Kommunikationswege des Compliance Managements so anzulegen, dass die Perspektive jener

© Springer Fachmedien Wiesbaden GmbH, ein Teil von Springer Nature 2019
S. Kette und S. Barnutz, *Compliance managen*,
https://doi.org/10.1007/978-3-658-26421-5_4

Akteure, welche die formalen Regeln einhalten sollen, Berücksichtigung findet.

Im Kern laufen diese Überlegungen auf einen gemeinsamen Fluchtpunkt zu: Das Hauptproblem im Zusammenhang mit Verfahren des Compliance Managements besteht darin, dass sowohl die Methoden der Regelüberwachung wie auch die durch das Compliance Management hervorgebrachten Regeln häufig nur schwer mit den lokalen Rationalitäten der zu regulierenden Fachabteilungen vereinbar sind, oder sie diesen gar entgegenstehen. Regeln, die gegenüber den lokalen Rationalitäten der von ihnen betroffenen Fachabteilung gänzlich ignorant sind, werden aber eher dazu führen, dass organisationsinterne Fassaden und Schauseiten errichtet bzw. ausgebaut werden, als dass ein faktisch regelkonformes Verhalten sichergestellt wird. Die Fachabteilungen mögen dann zwar dafür sorgen, dass ihre Aktivitäten compliancekonform aussehen. Die tatsächlichen Handlungen werden häufig jedoch nur lose daran orientiert sein – zumal, wenn man im Falle des Bekanntwerdens von Regelabweichungen gute Argumente für die alternative Auslegung der Formalstrukturen hat. Für die Gesamtorganisation entstehen dadurch vor allem Ineffizienzen, weil die Errichtung von Schauseiten Zeit und Energie kostet, zugleich aber die Rechts- und Reputationsrisiken für die Organisation weiter bestehen. Im Zusammenhang mit Regeln, die für die Organisationsumwelt nur von geringer Bedeutung sind, mag dies kein größeres Problem darstellen. Wenn es aber zur Risikovermeidung darauf ankommt, dass innerhalb der Fachabteilungen tatsächlich regelkonform gehandelt wird, erscheint ein derart ignoranter Umgang mit den lokalen Rationalitäten der ›Regulierten‹ durch das Compliance Management riskant.

Die Frage ist daher immer: Was machen die (neuen) Regeln und jeweiligen Überwachungsformate mit dem Rest der Organisation? Diese Frage kann vom Compliance Management nur sehr bedingt zugelassen werden, da das Compliance Management auf Regeleinhaltung bestehen muss. Insbesondere mit Blick auf die Ausgestaltung von Regeln gibt es jedoch durchaus Spielräume, die zu nutzen sich auszahlt. Dementsprechend empfiehlt es sich, insbesondere in die Ausgestaltung von Regeln zu investieren.

Die meisten Regeln in Organisationen sind in dem Sinne kontingent, dass sie zwar nicht beliebig aber doch auf verschiedene Weisen formuliert werden können. Die Herausforderung besteht dabei darin, eine Formalregel so zu gestalten, dass sie mit den Arbeitsroutinen und lokalen Rationalitäten der betroffenen Abteilungen möglichst gut vereinbar ist: Die beste Regel ist eine einhaltbare Regel! Möglich ist dies freilich nur in dem Maße, wie es gelingt, die lokalen Rationalitäten sowie die tatsächlichen Praktiken der Fachabteilungen im Prozess der Regelausgestaltung in Rechnung zu stellen. Diese Aufgabe ist schon deswegen nicht trivial, weil sich weder die lokalen Rationalitäten noch die informalen Arbeitsabläufe ohne Weiteres direkt beobachten oder abfragen lassen. Dafür braucht es einen diskursiven Ansatz, der die ›Regulierten‹ aus den Fachabteilungen an der Ausgestaltung der fraglichen Regeln beteiligt. Im Rahmen von Einzelgesprächen und in Arbeitseinheiten mit einer Gruppe von Akteuren wird es dabei möglich, sich den formalen und vor allem auch den informalen Praktiken der Fachabteilungen zu nähern und sich darüber in die lokale Rationalität der zu regulierenden Akteure einzudenken.

Die Einbeziehung von Fachabteilungen heißt keineswegs, den ›Bock zum Gärtner‹ zu machen. Zwar mag die Sensibilität für die Einhaltung von Formalregeln und für mögliche Konsequenzen einer Regelverletzung im Bereich ›Sales‹ oder ›R&D‹ per se nicht im Zentrum der Arbeitsorientierung liegen. Gemacht wird, was Umsatz bzw. Entwicklungsfortschritt verspricht. Wichtig zu verstehen ist aber, dass das Compliance Management – genau umgekehrt – zwar eine hohe Sensibilität für die Relevanz von formalen Regeln hat, die Effekte dieser Regeln auf die Umsatzentwicklung und die Entwicklungsfortschritte jedoch nicht im gleichen Maße prominent sind. Wie jede Abteilung hat also auch das Compliance Management seine spezifische Perspektive: Formalregeln erstellen und überwachen, um Gesetzesbrüche und die damit verbundenen Risiken für das Unternehmen zu minimieren. Diese Orientierung tendiert – wie die jeweilige Orientierung jeder anderen Abteilung auch – zur Totalisierung. Wichtig sind (einzig und allein) Verkaufserlöse, (einzig und allein) Entwicklungsfortschritte oder eben (einzig und allein) Regelkonformität. Einerseits liegt in dieser Form der Arbeitsteilung gerade die Stärke von Organisationen: Indem jede Abteilung sich auf einen (oder sehr wenige) Problemgesichtspunkte hin orientiert, wird sie von allen anderen Problemperspektiven entlastet. Andererseits sind für Organisationen aber *alle* Orientierungen gleichermaßen bedeutsam: Es braucht Verkaufserlöse *und* Entwicklungsfortschritte *und* Regelkonformität. Gerade deswegen darf keine Orientierung dauerhaft alle anderen dominieren – auch nicht jene des Compliance Managements.

Die einzige Chance, um eine ausufernde Dominanz einer Abteilung zu verhindern, ist ihre strukturelle Einhegung. Und das heißt, die Formalstruktur so anzulegen, dass die Abteilungen mit den in der Organisation angelegten Zielkonflikten – punktuell, aber wiederkehrend – konfrontiert werden. Auf eine solche Einhegung zielt das Management des Compliance Managements ab, wodurch verhindert wird, dass das Compliance Management innerhalb einer Organisation entweder extrem schwach oder aber extrem machtvoll wird. Ein schwaches Compliance Management hat so wenig Kompetenzen und Einfluss, dass es zwar die betrieblichen Abläufe nicht stört, dafür aber auch keinen Effekt auf die Regelkonformität hat. Letztlich fällt ihm eine reine Schauseitenfunktion zu. Ein machtvolles Compliance Management droht hingegen die Organisation mit Regeln zu überziehen, so dass ein flexibles Agieren nur noch unter Inkaufnahme eines großen Aufwands möglich wird. Diese Ausgangssituation lässt Rufe nach einem ausbalancierten Compliance Management laut werden, die einen Grad an Selbstmäßigung, Reflexion und Organisationskenntnis voraussetzen, der das Compliance Management selbst jedoch überfordert.

Es braucht daher auf das Compliance Management bezogene Kommunikationswege und Entscheidungsprogramme, die so angelegt sind, dass ein organisationskluger diskursiver Austausch entsteht, in dem organisationale Zielkonflikte besprechbar und verhandelbar werden. Was organisationsklug im Einzelnen heißt, lässt sich kaum pauschal beantworten und muss daher für jede Organisation individuell erarbeitet werden. In jedem Fall wird es aber darum gehen, die Perspektiven von Compliance Management und Fachabteilungen miteinander zu konfrontieren. In diesem Prozess kann das Compliance Management eine *Regulierungsintention* formulieren, die deutlich macht, welche regulatorischen Effekte durch eine fragliche Regel erreicht werden müssen, um Rechtsrisiken abzuwenden oder zu minimieren. In Auseinandersetzung zwischen der Compliance Abteilung mit den jeweiligen Fachabteilungen geht es dann darum, verschiedene *Gestaltungsideen* auf ihre Konsequenzen hin zu durchdenken – sowohl hinsichtlich ihrer Vereinbarkeit mit anderen formalen Erwartungen, aber auch bzgl. der Kompatibilität mit informalen Praktiken. Die Offenheit für Strukturalternativen kann bei bestimmten Rechtsrisiken an Grenzen stoßen. Um diese Grenzen auszuloten und zwischen Konformitäts- und Flexibilitätserfordernissen zu vermitteln, müssen die Kommunikationswege und Entscheidungsprogramme so eingerichtet werden, dass organisationsinterne Arenen entstehen, in denen die Fachabteilungen und das Compliance Management um die Regelsetzung aus ihren lokalen Rationalitäten heraus ringen.

Bei der Gestaltung solcher Arenen mögen die folgenden Fragen hilfreich sein: Wann bzw. unter welchen Bedingungen soll die Arena zur Aushandlung eines Zielkonfliktes genutzt werden? Sollen in der Arena die Entwicklung und die Veränderung von Compliance Regeln verhandelt werden oder auch die Sanktionierung bei Regelbrüchen? Die Nutzung der Arena könnte limitiert sein auf die Bereiche der Geschäftstätigkeit, in denen das höchste Risiko von externer Sanktionierung besteht. Zudem muss man sich ein Bild davon machen, welche Akteure bzw. Abteilungen an der Entwicklung,

Veränderung und Überwachung von Compliance Regeln sowie an der Entscheidung über etwaige Sanktionierungen beteiligt werden sollen und welche nicht.

Unser Vorschlag eines organisationsklugen Formalisierens
und einer diskursiven Regelentwicklung entlang unterschied-
licher lokaler Rationalitäten führt zu einer wechselseitigen
Beschränkung von zu viel bzw. zu wenig Einfluss des Compli-
ance Managements auf die Regelentwicklung und -veränderung sowie auf die Regelüberwachung und Sanktionierung.
Die Spielregeln dafür werden über Arenen der Aushand-
lung von Zielkonflikten festgelegt. Klug sind diese Spielregeln
dann, wenn sie individuell auf die Organisation zugeschnitten
sind und mitdenken, wie Akteure sich außerhalb dieser Regeln für ihre Interessen einsetzen werden. Dieses Vorgehen ist
offensichtlich insofern eine Herausforderung für das Compliance Management, als es den Prozess der Regelgestaltung und
in Teilen auch jenen der Bewertung von Regelverstößen dem
Einflussbereich der Compliance Abteilung entzieht bzw. diesen limitiert. Es hat aber den Vorteil, Organisationen in ihrer
Komplexität und spezifischen Funktionslogik ernst zu neh-
men und damit das Unterfangen ›Compliance Management‹
aus dem Reich der Kontrollträume herauszuholen und es rea-
litätstauglich gestaltbar zu machen.

Literatur

Ahrne, Göran; Brunsson, Nils (2011): Organization outside
  Organizations. The Significance of Partial Organization.
  In: *Organization* 18, S. 83–104.
Albu, Oana B.; Ringel, Leopold (2018): The Perils of Organi-
  zational Transparency. Consistency, Surveillance, and
  Authority Negotiations. In: Leopold Ringel, Petra Hiller
  und Charlene Zietsma (Hg.): Toward permeable Boun-
  daries of Organizations? Bingley: Emerald Publishing,
  S. 227–256.
Ampofo, Ado (2018): Betriebswirtschaftslehre für Umwelt-
  wissenschaftler. Wiesbaden: Springer Fachmedien.
Anechiarico, Frank; Jacobs, James B. (1996): The Pursuit
  of Absolute Integrity. How Corruption Control makes
  Government Ineffective. Chicago [u. a.]: University of
  Chicago Press.
Barreveld, Dirk J. (2002): The ENRON collapse. Creative
  accounting, wrong economics or criminal acts? San Jose:
  Writers Club Press.
Bensman, Joseph; Gerver, Israel (1963): Crime and Punish-
  ment in the Factory. The Function of Deviancy in Main-
  taining the Social System. In: *American Sociological
  Review* 28, S. 588–598.
Bentham, Jeremy (2013): Das Panoptikum. Berlin: Matthes &
  Seitz.

© Springer Fachmedien Wiesbaden GmbH, ein Teil von Springer Nature 2019
S. Kette und S. Barnutz, *Compliance managen*,
https://doi.org/10.1007/978-3-658-26421-5

Bergmann, Jens (2015): Vom Versuch, ›mit dem Arsch an die Wand zu kommen‹. Paradoxien der Compliance-Kontrolle. In: Victoria von Groddeck und Sylvia M. Wilz (Hg.): Formalität und Informalität in Organisationen. Wiesbaden: Springer VS, S. 237–260.

Bergmann, Jens (2016): When Compliance Fails. In: *Compliance Elliance Journal* 2, S. 85–94.

Bernstein, Ethan S. (2012): The Transparency Paradox. A Role for Privacy in Organizational Learning and Operational Control. In: *Administrative Science Quarterly* 57, S. 181–216.

Brunsson, Nils (1989): The Organization of Hypocrisy. Talk, Decisions and Actions in Organizations. Chichester: Copenhagen Business School Press.

Brunsson, Nils; Sahlin-Andersson, Kerstin (2000): Constructing Organizations. The Example of Public Sector Reform. In: *Organization Studies* 21, S. 721–746.

Cyert, Richard; March, James G. (1992): A Behavioral Theory of the Firm. Malden, Mass.: Blackwell.

Daft, Richard L.; Weick, Karl E. (1984): Toward a Model of Organizations as Interpretation Systems. In: *Academy of Management Review* 9, S. 284–295.

David-Barrett, Elisabeth; Yakis-Douglas, Basak; Moss-Cowan, Amanda; Nguyen, Yen (2017): A Bitter Pill? Institutional Corruption and the Challenge of Antibribery Compliance in the Pharmaceutical Sector. In: *Journal of Management Inquiry* 26 (3), S. 326–347.

Edelman, Lauren B. (1992): Legal Ambiguity and Symbolic Structures. Organizational Mediation of Civil Rights Law. In: *American Journal of Sociology* 97 (6), S. 1531–1576.

Edelman, Lauren B.; Talesh, Shauhin A. (2011): To Comply or not to Comply – that isn't the Question. How Organizations construct the Meaning of Compliance. In: Christine Parker und Vibeke Lehmann Nielsen (Hg.): Explaining Compliance. Business Responses to Regulation. Northampton, Mass.: Edward Elgar Pub, S. 103–122.

Foucault, Michel (2016): Überwachen und Strafen. Die Geburt des Gefängnisses. Frankfurt a. M.: Suhrkamp.

Fusaro, Peter C.; Miller, Ross M. (2002): What Went Wrong at Enron. Everyone's Guide to the Largest Bankruptcy in U. S. History. New York: John Wiley & Sons.

Gerst, Detlef (1999): Selbstorganisierte Gruppenarbeit. Gestaltungschancen und Umsetzungsprobleme. Hannover, Eschborn: RKW.

Glaab, Sebastian (2016): Geldwäsche. In: Nima Ghassemi-Tabar, Jürgen Pauthner und Hans-Ulrich Wilsing (Hg.): Corporate Compliance. Praxisleitfaden für die Unternehmensführung. Düsseldorf: Handelsblatt Fachmedien, S. 519–544.

Gouldner, Alvin W. (1964 [1954]): Patterns of industrial bureaucracy. A Case Study of modern Factory Administration. New York: Free Press.

Graeff, Peter; Schröder, Karenina; Wolf, Sebastian (Hg.) (2009): Der Korruptionsfall Siemens. Analysen und praxisnahe Folgerungen des wissenschaftlichen Arbeitskreises von Transparency International Deutschland. Baden-Baden: Nomos.

Graf, Walther; Groß, Bernd (2016): Korruption. In: Nima Ghassemi-Tabar, Jürgen Pauthner und Hans-Ulrich Wilsing (Hg.): Corporate Compliance. Praxisleitfaden für die Unternehmensführung. Düsseldorf: Handelsblatt Fachmedien, S. 403–420.

Härting, Niko (2016): Datenschutz. In: Nima Ghassemi-Tabar, Jürgen Pauthner und Hans-Ulrich Wilsing (Hg.): Corporate Compliance. Praxisleitfaden für die Unternehmensführung. Düsseldorf: Handelsblatt Fachmedien, S. 503–518.

Hasse, Raimund; Japp, Klaus P. (1997): Dynamik symbolischer Organisationspolitik. Umwelt- und Selbstanpassung als Folgewirkung ökologischer Leistungserwartungen. In: Martin Birke, Carlo Burschel und Michael Schwarz (Hg.): Handbuch Umweltschutz und Organisation. Ökologisierung, Organisationswandel, Mikropolitik. München, Wien: Oldenbourg Verlag, S. 134–162.

Hauschka, Christoph E.; Moosmayer, Klaus; Lösler, Thomas (Hg.) (2016a): Corporate Compliance. Handbuch der Haftungsvermeidung im Unternehmen. München: Beck.

Hauschka, Christoph E.; Moosmayer, Klaus; Lösler, Thomas (2016b): Einführung. In: Christoph E. Hauschka, Klaus Moosmayer und Thomas Lösler (Hg.): Corporate Compliance – Handbuch der Haftungsvermeidung im Unternehmen. München: Beck, S. 1–32.

Heckscher, Charles C.; Donnellon, Anne (1994). The postbureaucratic organization: New perspectives on organizational change. Thousand Oaks [u. a.]: Sage.

Institut der Wirtschaftsprüfer in Deutschland (2011): IDW-Prüfungsstandard. Grundsätze ordnungsmäßiger Prüfung von Compliance Management Systemen (IDW PS 980). Stand: 11. 03. 2011. Düsseldorf: IDW-Verl.

International Organization for Standardization (ISO) (2014). ISO 19600:2014. Compliance management systems. Guidelines. Genf: Selbstverlag.

Kapp, Thomas; Krohs, Christian (2016): Kartellrecht. In: Nima Ghassemi-Tabar, Jürgen Pauthner und Hans-Ulrich Wilsing (Hg.): Corporate Compliance. Praxisleitfaden für die Unternehmensführung. Düsseldorf: Handelsblatt Fachmedien, S. 421–443.

Kern, Horst; Schumann, Michael (1984): Das Ende der Arbeitsteilung? Rationalisierung in der industriellen Produktion: Bestandsaufnahme, Trendbestimmung. München: Beck.

Kette, Sven (2017): Vertrauen ist gut, Kontrolle ist besser? Dysfunktionen organisationalen Compliance-Managements. Unveröff. Ms.; Luzern.

Kette, Sven (2018a): Unternehmen. Eine sehr kurze Einführung. Wiesbaden: Springer VS.

Kette, Sven (2018b). Unsichere Verantwortungszurechnungen. Dynamiken organisationalen Compliance Managements. In: GesundheitsRecht 17 (1), S. 3–6.

Kette, Sven (2019): From Topic to Problem. Organisational
    Mechanisms of Constructing Demographic Change. In:
    Jon Anson, Walter Bartl und Andrzej Kulczycki (Hg.):
    Studies in the Sociology of Population. International Per-
    spectives. Cham: Springer, S. 225–250.
KPMG AG Wirtschaftsprüfungsgesellschaft (Hg.) (2016):
    Das wirksame Compliance-Management-System. Aus-
    gestaltung und Implementierung in Unternehmen.
    Herne: NWB.
Kühl, Stefan (2007): Formalität, Informalität und Illegalität
    in der Organisationsberatung. Systemtheoretische Ana-
    lyse eines Beratungsprozesses. In: *Soziale Welt* 58, S. 271–
    293.
Kühl, Stefan (2011): Organisationen. Eine sehr kurze Einfüh-
    rung. Wiesbaden: VS Verlag für Sozialwissenschaften.
Kühl, Stefan (2015a): Gruppen, Organisationen, Familien
    und Bewegungen. Zur Soziologie mitgliedschaftsbasier-
    ter Systeme zwischen Interaktion und Gesellschaft. In:
    Bettina Heintz und Hartmann Tyrell (Hg.): Interaktion –
    Organisation – Gesellschaft revisited. Anwendungen, Er-
    weiterungen, Alternativen. Sonderheft der Zeitschrift für
    Soziologie. Stuttgart: Lucius & Lucius, S. 65–85.
Kühl, Stefan (2015b): Wenn die Affen den Zoo regieren. Die
    Tücken der flachen Hierarchien. Frankfurt a. M.: Campus.
Kühl, Stefan (2017): Märkte explorieren. Eine kurze organisa-
    tionstheoretisch informierte Handreichung. Wiesbaden:
    Springer VS.
Kühl, Stefan (2018): Organisationskulturen beeinflussen. Eine
    sehr kurze Einführung. Wiesbaden: Springer VS.
Kühl, Stefan; Muster, Judith (2016): Organisationen gestalten.
    Eine kurze organisationstheoretisch informierte Hand-
    reichung. Wiesbaden: Springer VS.
Luhmann, Niklas (1964): Funktionen und Folgen formaler
    Organisation. Berlin: Duncker & Humblot.
Luhmann, Niklas (1977): Zweckbegriff und Systemratio-
    nalität. Über die Funktion von Zwecken in sozialen
    Systemen. Frankfurt a. M.: Suhrkamp.

Luhmann, Niklas (2000): Organisation und Entscheidung. Opladen [u. a.]: Westdeutscher Verlag.

Luhmann, Niklas (2009): Allgemeine Theorie organisierter Sozialsysteme. In: Niklas Luhmann (Hg.): Soziologische Aufklärung 2. Aufsätze zur Theorie der Gesellschaft. Wiesbaden: VS Verlag für Sozialwissenschaften, S. 48–62.

MacLean, Tammy L.; Behnam, Michael (2010): The Dangers of Decoupling. The Relationship Between Compliance Programs, Legitimacy Perceptions, and Institutionalized Misconduct. In: *Academy of Management Journal* 53 (6), S. 1499–1520.

March, James G. (1994): A primer on decision making. How Decisions Happen. New York [u. a.]: Free Press.

Mayo, Elton (1966 [1933]): The Human Problems of an Industrial Civilization. 5. Auflage. London: Routledge & Paul.

Meyer, John W.; Rowan, Brian (1977): Institutionalized Organizations. Formal Structure as Myth and Ceremony. In: *American Journal of Sociology* 83, S. 340–363.

Nelson, J. S. (2017): The Corruption Norm. In: *Journal of Management Inquiry* 26 (3), S. 280–286.

Osrecki, Fran (2015): Fighting Corruption with Transparent Organizations. Anti-Corruption and Functional Deviance in Organizational Behavior. In: *ephemera* 15, S. 337–364.

Paine, Lynn S. (1994): Managing for Organizational Integrity. In: Harvard *Business Review* 72, S. 106–117.

Passarge, Malte; Behringer, Stefan (Hg.) (2015): Handbuch Compliance international. Recht und Praxis der Korruptionsprävention. Berlin: ESV.

Pawlytsch, Stephan; Zimack, Sylvia (2016): Umweltschutz und Arbeitssicherheit. In: Nima Ghassemi-Tabar, Jürgen Pauthner und Hans-Ulrich Wilsing (Hg.): Corporate Compliance. Praxisleitfaden für die Unternehmensführung. Düsseldorf: Handelsblatt Fachmedien, S. 545–561.

Pernell, Kim; Jung, Jiwook; Dobbin, Frank (2017): The Hazards of Expert Control. Chief Risk Officers and Risky Derivatives. In: *American Sociological Review* 82 (3), S. 511–541.

Pinto, Jonathan; Leana, Carrie R.; Pil, Frits K. (2008): Corrupt Organizations or Organizations of Corrupt Individuals? Two Types of Organizational-Level Corruption. In: *Academy of Management Review* 33, S. 685–709.

Preusche, Reinhard; Würz, Karl (2016): Compliance. 2. Auflage. Freiburg: Haufe.

Robertson, Brian J. (2015): Holacracy. The revolutionary management system that abolishes hierarchy. London: Penguin.

Rodewald, Jörg (2009): Gesetzestreue als Organisationsproblem. Compliance richtig managen. In: Frank Maschmann (Hg.): Corporate Compliance und Arbeitsrecht. Baden-Baden: Nomos, S. 31–52.

Roethlisberger, Fritz J.; Dickson, Williams J.; Wright, Harold A. (1967 [1939]): Management and the worker. An account of a research program conducted by the Western Electric Company, Hawthorne works, Chicago. Cambridge, Mass.: Harvard University Press.

Salter, Malcom S. (2008): Innovation corrupted. The origins and legacy of Enron's collapse. Cambridge, Mass.: Harvard University Press.

Schütz, Marcel; Beckmann, Richard; Röbken, Heinke (2018): Compliance-Kontrolle in Organisationen. Soziologische, juristische und ökonomische Aspekte. Wiesbaden: Springer Gabler.

Schulz, Martin. (Hg.) (2017a): Compliance-Management im Unternehmen. Strategie und praktische Umsetzung. Frankfurt a. M.: dfv.

Schulz, Martin (2017b): Compliance-Management. Grundlagen, Zusammenhänge und Strategien. In: Martin Schulz (Hg.): Compliance-Management im Unternehmen. Strategie und praktische Umsetzung. Frankfurt a. M.: dfv, S. 1–49.

Silverman, Michael G. (2008): Compliance Management for public, private, or nonprofit organizations. New York: McGraw-Hill.

Singh, Nitish; Bussen, Thomas J. (2015): Compliance management. A how-to guide for executives, lawyers, and other compliance professionals. Santa Barbara, California: Praeger.

Steinberg, Richard M. (2011): Governance, risk management, and compliance. It can't happen to us: avoiding corporate disaster while driving success. Hoboken, N.J.: J. Wiley & Sons.

Suchman, Mark C. (1995): Managing Legitimacy. Strategic and Institutional Approaches. In: *Academy of Management Review* 20, S. 571–610.

Taylor, Frederick W. (1977 [1913]): Die Grundsätze wissenschaftlicher Betriebsführung. Weinheim, Basel: Beltz.

TÜV Rheinland (2011): Standard für Compliance Management Systeme (CMS). https://www.tuv.com/content-media-files/germany/bs-systems/pdfs/1214-tuv-rheinland-compliance-management-certification/tuv-rheinland-der-compliance-standard-de.pdf. Zugegriffen: 26. Februar 2019.

Vaughan, Diane (1998): Rational Choice, Situated Action, and the Social Control of Organizations. In: *Law and Society Review* 32, S. 23–61.

Weber, Max (2009 [1972]): Wirtschaft und Gesellschaft. Grundriss der verstehenden Soziologie. Tübingen: Mohr-Siebeck.

Weick, Karl E.; Sutcliffe, Kathleen M.; Obstfeld, David (2005): Organizing and the Process of Sensemaking. In: *Organization Science* 16, S. 409–421.

Weidenfeld, Ursula (Hg.) (2011): Nützliche Aufwendungen? Der Fall Siemens und die Lehren für das Unternehmen, die Industrie und Gesellschaft. München: Piper.

Lektürehinweise – für ein organisationstheoretisch informiertes Verständnis von Organisationen

Unser Anspruch ist es, für Praktiker, die sich für einen organisationstheoretisch informierten Zugang zu Organisationen interessieren, ein umfassendes Angebot an aufeinander Bezug nehmenden Texten zur Verfügung zu stellen. Im Einzelnen besteht dieses Angebot aus folgenden Bausteinen:

Eine grundlegende Einführung in ein systemtheoretisches Verständnis von Organisationen
Kühl, Stefan (2011): *Organisationen. Eine sehr kurze Einführung.* Wiesbaden: VS Verlag für Sozialwissenschaften.
Kette, Sven (2018): *Unternehmen. Eine sehr kurze Einführung.* Wiesbaden: Springer VS.

Grundlegend zur Rolle von Macht, Verständigung und Vertrauen in Organisationen
Kühl, Stefan (2017): *Laterales Führen.* Wiesbaden: Springer VS.

© Springer Fachmedien Wiesbaden GmbH, ein Teil von Springer Nature 2019
S. Kette und S. Barnutz, *Compliance managen*,
https://doi.org/10.1007/978-3-658-26421-5

Anwendungen auf verschiedene Anlässe in Organisationen

Kühl, Stefan; Muster, Judith (2016): *Organisationen gestalten.* Wiesbaden: Springer VS.

Kühl, Stefan (2016): *Strategien entwickeln.* Wiesbaden: Springer VS.

Kühl, Stefan (2016): *Projekte führen.* Wiesbaden: Springer VS.

Kühl, Stefan (2017): *Leitbilder erarbeiten.* Wiesbaden: Springer VS.

Kühl, Stefan (2017): *Märkte explorieren.* Wiesbaden: Springer VS.

Kühl, Stefan (2018): *Organisationskulturen beeinflussen.* Wiesbaden: Springer VS.

In den nächsten Jahren kommen in der Reihe *Management-Kompakt* bei Springer VS jeweils noch kurze organisationstheoretisch informierte Einführungen unter anderem zu Interaktionsarchitekturen (z. B. Workshops, Großkonferenzen, Webkonferenzen) und zu Tätigkeiten in Organisationen (z. B. Managen, Führen, Beraten, Moderieren, Präsentieren, Evaluieren, Vergleichen) hinzu.

Organisationstheoretisch informierte Einmischungen in die aktuellen Managementdiskussionen

Kühl, Stefan (2015): *Wenn die Affen den Zoo regieren. Die Tücken der flachen Hierarchien.* 6., aktual. Aufl., Frankfurt a. M., New York: Campus.

Kühl, Stefan (2015): *Das Regenmacher-Phänomen. Widersprüche im Konzept der lernenden Organisation.* 2., aktual. Aufl., Frankfurt a. M., New York: Campus.

Kühl, Stefan (2015): *Sisyphos im Management. Die vergebliche Suche nach der optimalen Organisationsstruktur.* 2., aktual. Aufl., Frankfurt a. M., New York: Campus.

Überblick über die zentralen Bücher und Artikel der Organisationsforschung

Kühl, Stefan (Hg.) (2015): *Schlüsselwerke der Organisationsforschung.* Wiesbaden: Springer VS.

Überblick über quantitative und qualitative Methoden zum Verständnis von Organisationen

Kühl, Stefan; Strodtholz, Petra; Taffertshofer, Andreas (Hg.) (2009): *Handbuch Methoden der Organisationsforschung.* Wiesbaden: VS Verlag für Sozialwissenschaften.

Englische Fassungen werden zu all diesen Beiträgen entstehen oder sind bereits entstanden. Unveröffentlichte Vorfassungen können unter quickborn@metaplan.com angefordert werden.

Printed in the United States
By Bookmasters